Der Autor

Professor Dr. Eugen Klunzinger,

geboren 1938 in Böblingen (Württ.), studierte Rechts- und Wirtschaftswissenschaften in Hamburg, München, Kiel und Tübingen und promovierte zum Dr. jur. an der Juristischen Fakultät der Universität Tübingen. 1975 wurde er zum Professor für Bürgerliches Recht, Handels-, Gesellschafts- und Arbeitsrecht, Fachbereich Betriebswirtschaft, der Fachhochschule Nürtingen (Württ.), ernannt. Zur Zeit ist er Lehrbeauftragter für Handels- und Gesellschaftsrecht am Fachbereich Wirtschaftswissenschaften der Universität Tübingen.

ISBN 978-3-409-00125-0 ISBN 978-3-322-87888-5 (eBook)
DOI 10.1007/978-3-322-87888-5

Ursprünglich erschienen bei Betriebswirtschaftlicher Verlag Dr. Th. Gabler GmbH, Wiesbaden

BGB-Schuldrecht

Von

Prof. Dr. Eugen Klunzinger

Inhaltsverzeichnis

Schuldrecht — Allgemeiner Teil Seite

Schuldrecht — Besonderer Teil

Schuldrecht — Allgemeiner Teil

A. Begriff und Arten des Schuldverhältnisses

Lernziel:

> Der nachfolgende Abschnitt erklärt den Begriff des Schuldverhältnisses und bringt einen Überblick über die verschiedenen Arten der Schuldverhältnisse. Nach Durcharbeitung sollten Sie mit den Begriffen Gläubiger Schuldner, Forderung und Schuldverhältnis vertraut sein und je ein Beispiel für ein gesetzliches und ein vertragliches Schuldverhältnis anführen können.

Dreh- und Angelpunkt des Schuldrechts ist das Schuldverhältnis.

Unter einem Schuldverhältnis versteht man die Rechtsbeziehung zwischen dem Gläubiger und dem Schuldner.

§ 241 BGB besagt ganz allgemein, daß kraft eines Schuldverhältnisses der Gläubiger berechtigt ist, von dem Schuldner eine Leistung zu fordern. Diese Leistung kann einen beliebigen Inhalt haben, sie kann insbesondere auch in einem Unterlassen bestehen (vgl. § 241 Satz 2 BGB).

Das Recht, kraft dessen im Schuldverhältnis eine Leistung verlangt werden kann, nennt man Forderung.

> Gläubiger —— Schuldverhältnis / Forderung ——> Schuldner

Beispiel:

> Auf Grund des Kaufvertrages hat der Verkäufer eine Forderung gegen den Käufer. Genauer: Der Verkäufer ist als Gläubiger berechtigt, vom Käufer in seiner Eigenschaft als Schuldner den Kaufpreis zu verlangen.

Man unterscheidet zwischen **gesetzlichen** und **rechtsgeschäftlichen Schuldverhältnissen,** je nachdem, ob sich das oben näher beschriebene Pflichtenverhältnis zwischen Gläubiger und Schuldner auf Grund einer Abrede der Parteien oder auf Grund einer gesetzlichen Anordnung ergibt. Dazwischen stehen die „vorvertraglichen Schuldverhältnisse", bei denen zwar eine verbindliche Abrede noch nicht zustande gekommen ist, die jedoch in ihrer rechtlichen Behandlung den rechtsgeschäftlichen Abreden zum Teil gleichgestellt werden.

I. Gesetzliche Schuldverhältnisse

Von gesetzlichen Schuldverhältnissen spricht man, wenn sich ein Anspruch des Gläubigers gegen den Schuldner aus einer gesetzlichen Norm ergibt.

Beispiel:

Nach § 823 BGB ist der Schädiger zum Schadenersatz verpflichtet, wenn er bestimmte Rechtsgüter des Gläubigers verletzt hat.

Im Gedränge um einen Platz in der Straßenbahn rempelt Passant P die schwächliche Großmutter G, so daß diese zu Fall kommt und verletzt wird. Sie muß u. a. 20 DM für Verbandsmaterial aufwenden. Hinsichtlich dieses Schadens hat G eine Forderung gegen P. Diese Forderung ergibt sich aus dem gesetzlichen, durch § 823 BGB begründeten Schuldverhältnis. P und G kennen sich überhaupt nicht, sie haben nicht einmal miteinander gesprochen, geschweige denn einen Vertrag abgeschlossen; ihre Rechtsbeziehungen stützen sich allein auf das Gesetz.

II. Rechtsgeschäftliche Schuldverhältnisse

Im Unterschied zu den gesetzlichen liegt bei den rechtsgeschäftlichen Schuldverhältnissen eine Abrede der Parteien zugrunde.

Das wird in aller Regel eine zweiseitige Abrede, somit ein Vertrag, sein. Das Gesetz sagt in § 305 BGB ausdrücklich, daß zur Begründung eines Schuldverhältnisses durch Rechtsgeschäft ebenso wie zu seiner Änderung ein Vertrag, also eine zweiseitige Absprache, zwischen den Beteiligten erforderlich ist.

Beispiel:

K kauft bei V ein Auto. Kraft des Vertrages ist K verpflichtet, den Kaufpreis zu bezahlen, V verpflichtet, das Auto zu übergeben und das Eigentum an ihm zu verschaffen (§ 433 BGB).

Fragen:

1. Was versteht man unter einem Schuldverhältnis?
2. Was versteht man unter einer Forderung im Schuldrecht?
3. Wann spricht man von gesetzlichen, wann von vertraglichen Schuldverhältnissen?

B. Inhalt des Schuldverhältnisses

Lernziel:

Nach Durcharbeitung dieses Abschnittes sollten Sie den Begriff der Gattungsschuld und der Stückschuld verstanden haben und angeben können, wann sich eine Gattungsschuld durch Konkretisierung in eine Stückschuld umwandelt. Sie sollten weiter wissen, wann der Gläubiger die Leistung verlangen kann und wann der Schuldner die Leistung erbringen muß. Der Unterschied zwischen sogenannten Hol-, Bring- und Schickschulden muß Ihnen geläufig sein. Sie müssen die Begriffe des Erfüllungs- und Verrichtungsgehilfen definieren und auseinanderhalten können. Beim Vertrag zugunsten Dritter sollten Sie einige Beispiele nennen und die Rechte, Pflichten und Einwendungen im Vertragsverhältnis darlegen können. Bei der Vertragsstrafe sollten Ihnen die wirtschaftliche Ausgangssituation und die rechtlichen Einwendungen des Betroffenen geläufig sein.

I. Allgemeine Leistungspflicht

Kraft des Schuldverhältnisses ist der Gläubiger berechtigt, von dem Schuldner eine Leistung zu fordern (§ 241 S. 1 BGB). Damit ist zunächst nur gesagt, daß eine Leistungspflicht besteht. Wie diese Leistung zu erfüllen ist, muß näher verdeutlicht werden. Zunächst einmal ergeben sich die aus dem Schuldverhältnis entstehenden Pflichten aus der gesetzlichen Anordnung oder der rechtsgeschäftlichen Abrede.

Beispiel:

Der Verkäufer muß übereignen und übergeben (§ 433 Abs. 1); der Vermieter den gemieteten Gegenstand zur Verfügung stellen (§ 535); der Mieter dagegen muß den Mietpreis bezahlen.

Darüber hinaus hat der Gesetzgeber allgemeine Grundsätze für die Erfüllung der Leistungspflicht aufgestellt.

1. Leistung nach Treu und Glauben

a) Allgemeiner Grundsatz von Treu und Glauben

Nach § 242 ist der Schuldner verpflichtet, die Leistung so zu bewirken, wie „Treu und Glauben mit Rücksicht auf die Verkehrssitte" es erfordern. Damit ist eine im weitesten Sinne generalisierende Aussage gemacht hinsichtlich der dem Schuldner obliegenden Leistungspflicht. Sie soll sich orientieren an „Treu und Glauben" und an der „Verkehrssitte". Auf Grund dieser sehr auslegungsbedürftigen Tatbestandsmerkmale muß dann im einzelnen Fall geprüft werden, was nach Treu und Glauben im speziellen Fall dem Schuldner abverlangt werden kann. Dasselbe gilt für die Verkehrssitte, die natürlich in den einzelnen Branchen, zu den jeweiligen Zeiten und in den einzelnen Situationen unterschiedlich aussehen kann.

Der Gesetzgeber appelliert somit an die „Anständigkeit", „Billigkeit" und „Üblichkeit" im Rechts- und Geschäftsverkehr und macht diese Erkenntnis zur Maxime seiner Aussage.

b) Treu und Glauben als Grundlage von Nebenpflichten im Schuldverhältnis

Eine spezielle Funktion hat der Grundsatz von Treu und Glauben im Schuldverhältnis insofern, als er als Grundlage für die Begründung von Nebenpflichten im Schuldverhältnis dienen kann. Ausgangspunkt ist die Überlegung, daß der Schuldner seine Verpflichtungen nicht nur schlechthin zu erfüllen hat, daß er diese vielmehr „nach Treu und Glauben" erfüllen muß. Eine Erfüllung nach Treu und Glauben bedeutet aber auch die Übernahme zusätzlicher, nebenvertraglicher Pflichten. Derartige Nebenpflichten können erscheinen als Schutzpflichten, Obhutspflichten, Aufklärungspflichten und Treuepflichten.

Beispiel:

> Der Vermieter hat nicht nur die Pflicht, den vermieteten Wohnraum zur Verfügung zu stellen. Er muß darüber hinaus auch die Voraussetzungen dafür schaffen, daß der Mieter und seine Angehörigen gefahrlos in die Räume gelangen. Kommt der Mieter auf Grund einer schadhaften Treppe oder mangelhafter Beleuchtung des Zugangs zu Schaden, so muß der Vermieter Schadenersatz leisten, weil er insofern seine Nebenpflichten verletzt hat.

2. Grenzen der Leistungspflicht beim „Wegfall der Geschäftsgrundlage"

Das Schuldverhältnis verpflichtet den Schuldner zur Erbringung der Leistung ohne Rücksicht darauf, ob sich die Verhältnisse seit dem Vertragsabschluß geändert haben oder nicht. Nur in wenigen Ausnahmefällen kennt der Gesetzgeber eine Abhilfe, wenn der Schuldner in der Erwartung gleichbleibender Verhältnisse enttäuscht wird.

Nach dem Abschluß des Vertrages können vor allem die wirtschaftlichen Verhältnisse einen unvorhergesehenen Verlauf nehmen. Die allgemeinen Inflationsraten sind noch kein Grund, den Schuldner von der Erfüllung seiner Leistung zu befreien. Anders ist es jedoch, wenn völlig unvorhergesehene Entwicklungen eintreten, die ein Festhalten am Vertrag als einen Formalismus erscheinen ließen, der vom Schuldner Unbilliges verlangt. Hierin würde auch ein Verstoß gegen Treu und Glauben liegen.

Im Gesetz ist dieser Fragenkomplex nicht geregelt. Vielmehr hat die Rechtsprechung unter dem Gesichtspunkt des „Wegfalls der Geschäftsgrundlage" unter Heranziehung von § 242 eine Korrektur der vertraglichen Verpflichtungen vorgenommen. Bezeichnenderweise sind es Reichsgerichtsentscheidungen, die anläßlich der Inflation in der Zeit nach dem ersten Weltkrieg die inflationsbedingte Störung zwischen der Leistung und der Gegenleistung unter dem Stichwort des Wegfalls der Geschäftsgrundlage korrigierten.

Beispiel:

> Wenn durch die galoppierende Inflation der ausgemachte Kaufpreis in keiner Weise mehr das Äquivalent für den verkauften Gegenstand ist, wird der Verkäufer von seiner Leistungspflicht befreit.

Liegt ein Wegfall der Geschäftsgrundlage vor, so hat der Schuldner entweder ein Rücktrittsrecht oder die Parteien müssen versuchen, den Leistungsinhalt der geänderten Grundlage entsprechend neu zu bestimmen, also an die später geltenden Verhältnisse anzupassen.

Zu warnen ist jedoch davor, den Grundsatz des Wegfalls der Geschäftsgrundlage allzu häufig heranzuziehen. Es handelt sich, wie bei allen Fällen von Treu und Glauben, nur um die Korrektur eines äußersten, unerträglichen Mißstandes, der somit nur bei wirklichen Ausnahmefällen Anwendung finden kann. Nur wenn die Parteien beiderseits von bestimmten Voraussetzungen als feststehend ausgingen und diese Voraussetzungen durch die Entwicklung der Verhältnisse hinfällig geworden sind, kann von einem Wegfall der Geschäftsgrundlage gesprochen werden.

Beispiele:

> Bei den olympischen Spielen gewinnt der in einer kleinen württembergischen Gemeinde wohnende Sportler S die Goldmedaille. Die Gemeinde beschließt zu Ehren des „großen Sohnes" ein Volksfest abzuhalten. Grundstückseigentümer G vermietet an den Wurstbudenbesitzer W seinen an der Festwiese gelegenen Parkplatz zum Aufstellen mehrerer Wurst- und Getränkestände. Der Mietpreis beträgt 200 DM. Durch einen Verkehrsunfall wird der zu ehrende Sportler bei der Anfahrt schwer verletzt; die Festlichkeiten finden nicht statt. Hier kann der Vermieter nicht den Mietpreis verlangen. W könnte zwar nach wie vor seine Wurst- und Getränkestände aufstellen und den Platz damit vertragsgemäß nutzen; beide Parteien gingen aber von der übereinstimmenden Erwartung aus, daß die Benutzung zu dem konkreten Anlaß, nämlich der Abhaltung eines Straßenfestes zugunsten des Sportlers, erfolgen sollte. Nur in diesem Fall hätte man die Ansammlung einer größeren Menschenmenge — und damit einen bestimmten Umsatz — erwarten dürfen. Unter dem Gesichtspunkt des Wegfalls der Geschäftsgrundlage ist der Vertrag hinfällig, selbst wenn er keine entsprechende Klausel enthält.

Nicht unter den Wegfall der Geschäftsgrundlage fallen z. B.:

— der Verkäufer entdeckt nach Vertragsabschluß, daß seine Einkaufspreise mittlerweile um 3 % höher liegen,

— der Käufer entdeckt nach Vertragsabschluß, daß die von ihm bestellte Ware angesichts eines zwischenzeitlich anders verlaufenden Modetrends schwer verkäuflich sein wird.

Hinweis für die Praxis: Es wird deutlich, daß außerhalb der unmittelbaren Vertragsabsprache liegende Umstände nur selten Einfluß auf das rechtliche Schicksal einer Verpflichtung haben. Wer sich umfassend auch gegen solche Entwicklungen absichern will, müßte daher in die vertragliche Abrede zusätzlich einen entsprechenden Passus aufnehmen.

Beispiele:

Vereinbarung eines Rücktrittsrechts bei Modellwechsel.

Klausel über Preisanpassungen bei höheren Einkaufspreisen.

Indexklauseln bei langfristigen Verträgen mit wiederkehrenden Zahlungen (Achtung: Genehmigung durch die Landeszentralbank erforderlich!).

3. Teilleistungen

Kraft des Schuldverhältnisses hat der Schuldner die „Leistung“ zu erbringen. Die Frage ist dabei, ob er die Leistung in einem Akt erbringen muß oder ob er, möglicherweise fällt ihm dies leichter, Teilleistungen erbringen darf.

a) Das Verbot von Teilleistungen

Das Gesetz bringt eine klare Aussage: Der Schuldner ist zu Teilleistungen nicht berechtigt (§ 266 BGB). Im Klartext heißt das, daß der Gläubiger die Gesamtleistung fordern kann; Teilleistungen braucht er nicht anzunehmen. Der Schuldner leistet nicht ordentlich, kommt also in Verzug, wenn er nur teilweise erfüllt.

b) Ausnahmen

Teilleistungen dürfen ausnahmsweise in bestimmten Zahlungsbereichen erbracht werden. Nach Art. 39 II Wechselgesetz kann der Wechselinhaber Teilzahlungen des Bezogenen nicht zurückweisen. Dasselbe gilt im Scheckrecht (Art. 34 II ScheckG).

II. Gattungsschulden und Stückschulden

Die Verpflichtung des Schuldners kann ihrem Inhalt nach unterschiedlich sein. Das Gesetz unterscheidet zwischen der Gattungsschuld und der Stückschuld.

1. Gattungsschuld

Von einer Gattungsschuld spricht man, wenn der Schuldner nur eine „der Gattung nach bestimmte Sache“ schuldet. Kennzeichnend für die Gattungsschuld ist demnach, daß sie nicht konkret individualisiert, vielmehr nur nach Artmerkmalen bestimmt ist.

Beispiel:

> Lieferung von 50 Säcken Sommerweizen oder Kauf von 30 Ztr. Briketts.

Leistungspflicht bei Gattungsschulden

Liegt eine Gattungsschuld vor, so hat der Schuldner **„Sachen von mittlerer Art und Güte“** zu leisten (§ 243 Abs. 1). Es ist also ein Durchschnittsmaßstab heranzuziehen. Es ist nicht die Leistung besonders hervorragender Exemplare der Gattung geschuldet. Aber es wäre auch die Lieferung unterdurchschnittlicher Waren nicht ausreichend. Geschuldet ist die Leistung von Sachen „mittlerer Art und Güte“.

Des weiteren ist bei der Gattungsschuld bereits hier festzuhalten, daß der Schuldner, solange die Leistung aus der Gattung möglich ist, sein Unvermögen (s. S. 33, 35) zur Leistung auch dann zu vertreten hat, wenn ihm ein Verschulden nicht zur Last fällt (§ 279 BGB). Das heißt folgendes: kann der Schuldner ohne eigenes Verschulden seiner Leistungspflicht nicht nachkommen, so wird er dann nicht von seiner Verpflichtung befreit, solange noch eine Lieferung aus der Gattung überhaupt (wenn auch nicht für ihn) möglich ist.

Beispiel:

> Der Verkäufer hat die Lieferung von 100 Ztr. Koks versprochen. Er kann sich seiner Pflicht nicht dadurch entziehen, daß er auf Lieferschwierigkeiten verweist (etwa weil sein Lager ausgebrannt ist); solange der Brennstoff noch von anderer Seite erhältlich wäre, muß geliefert werden.

2. Stückschuld

Im Gegensatz zur Gattungsschuld wird bei der Stückschuld ein ganz bestimmter, näher bezeichneter Gegenstand geschuldet, der seinerseits zwar auch einer Gattung angehören kann, der jedoch von den Parteien von vornherein als individueller Leistungsgegenstand bezeichnet wurde.

Beispiel:

> Verkauf eines Brillantringes, eines ganz genau bezeichneten (und ausgesuchten) Autos, einer chinesischen Vase aus einer bestimmten Dynastie.

Eine derartige Stückschuld unterliegt anderen Regeln: Wird die Leistung infolge eines nach der Entstehung des Schuldverhältnisses eintretenden Umstandes, den der Schuldner nicht zu vertreten hat, unmöglich, so wird der Schuldner von seiner Verpflichtung zur Leistung (§ 275 BGB) frei.

3. Umwandlung der Gattungsschuld in eine Stückschuld (Konkretisierung)

Die unterschiedlichen Konsequenzen der Gattungsschuld und der Stückschuld, wie sie im letzten Absatz dargestellt wurden, mögen dem unbefangenen Betrachter nicht einleuchten. Dessenungeachtet muß man sich vergegenwärtigen, daß § 279 BGB doch nicht die häufige Anwendung findet, die aus der Vielzahl der Gattungsschulden eigentlich folgen müßte. Der Grund liegt darin, daß aus jeder Gattungsschuld von einem bestimmten Zeitpunkt und einem bestimmten Ereignis an eine Stückschuld wird.

Diese Umwandlung der Gattungsschuld in eine Stückschuld nennt man „Konkretisierung". Sie tritt nach § 243 Abs. 2 BGB dann ein, wenn der Schuldner „das zur Leistung einer solchen Sache seinerseits Erforderliche getan hat".

Das Schuldverhältnis beschränkt sich dann auf diese Sache. Mit anderen Worten: Es liegt dann eine Stückschuld wiederum mit der Folge vor, daß nicht § 279 BGB, sondern § 275 BGB zur Anwendung kommt, der Schuldner also von der Leistungspflicht frei wird, wenn er den Untergang nicht verschuldet hat und deshalb nicht leisten kann. Wann nun die Konkretisierung im einzelnen eintritt, läßt sich nur an Hand der jeweiligen Vertragsabrede beurteilen. Maßgebend ist jeweils, ob der Schuldner die erforderlichen Handlungen vorgenommen hat, die ein Urteil mit der Aussage erlauben, daß er „das zur Leistung seinerseits Erforderliche getan hat".

Beispiele:

> Der Verkäufer liefert „frei Haus". Dann hat er das seinerseits Erforderliche getan, wenn er die Ware abliefert. Müßte dagegen der Käufer laut Vertrag die Ware abholen, dann tritt die Konkretisierung bereits mit der Bereitstellung ein.

III. Geldschulden und Zinsen

Die Leistung des Schuldners wird in vielen Fällen auf Geld gerichtet sein. Die Rechtsordnung unterscheidet die sog. „Geldsummenschuld" und die sog. „Geldsortenschuld".

1. Geldsummenschuld

Eine Geldsummenschuld ist dadurch gekennzeichnet, daß ein bestimmter Geldwert zu entrichten ist. Es sind z. B. 1000 DM zu zahlen.

2. Geldsortenschuld

Für die Geldsortenschuld ist kennzeichnend, daß bestimmte Stücke einer bestimmten Geldsorte geschuldet werden. Es sollen z. B. Gold- oder Silbermünzen einer bestimmten Währung geliefert werden.

3. Zinsen

Hinsichtlich der Zinsen bringt das Gesetz nur wenige Aussagen. Nach § 246 beträgt der gesetzliche Zinssatz vier vom Hundert pro Jahr. Wenn also der Schuldner zur Zahlung von Zinsen verpflichtet ist und keine anderweitige Abrede eingreift, so sind 4 % pro Jahr zu leisten.

Des weiteren verbietet das Gesetz die Vereinbarung von Zinseszinsen auf Grund des mathematisch bedingten Vervielfältigungseffektes. Für Kreditinstitute sind jedoch gewisse Ausnahmen gemacht, die sich auf Grund der bestehenden Bankenaufsicht rechtfertigen lassen (§ 248 Abs. 2).

IV. Zeit und Ort der Leistung

1. Leistungszeit

In aller Regel wird eine Abrede zwischen Gläubiger und Schuldner zugleich eine Bestimmung darüber enthalten, wann die Leistung zu erbringen ist. So wird ein Kaufvertrag über ein zu lieferndes Kraftfahrzeug den Liefertermin auf dem Vertragsformular enthalten, sofern nicht der zu liefernde Gegenstand bereits auf Lager ist und der Empfänger die sofortige Lieferung wünscht. Ist weder eine Zeit für die Leistung bestimmt, noch aus den Umständen zu entnehmen, dann bringt das Gesetz in § 271 eine klare Aussage: In diesem Fall kann der Gläubiger die Leistung sofort verlangen, der Schuldner sie sofort bewirken.

Beispiel:

> Wenn ein Kaufvertrag ohne Bestimmung der Lieferzeit abgeschlossen wurde und sich auch aus den Umständen nichts anderes ergibt, dann muß der Verkäufer sofort liefern und der Käufer sofort bezahlen.

2. Leistungsort

Bei der Vereinbarung eines Schuldverhältnisses, also in der Regel beim Abschluß eines Vertrages, wird meist zugleich auch eine Aussage getroffen, an welchem Ort der Schuldner seine Leistung zu erbringen hat. So kann der Verkäufer einer Möbeleinrichtung verpflichtet sein, die Ware „frei Haus" des Käufers zu liefern; der Südfrüchte-Importeur wird den vitaminhungrigen Käufern die Sendung „bahnlagernd" schicken und der Export-Import-Kaufmann wird möglicherweise die Ware von der Niederlassung seines Übersee-Lieferanten in Cuxhaven abholen müssen. In all diesen Fällen ist geklärt, wo der Schuldner seine Leistung, also das „seinerseits Erforderliche" zu erbringen hat.

a) Hol-, Bring- und Schickschulden

Eigentlich sind nur zwei Fälle denkbar: Entweder der Leistungsort, man nennt ihn üblicherweise **Erfüllungsort,** liegt beim Gläubiger oder beim Schuldner.

(aa) Holschulden

Liegt der Erfüllungsort am Ort des Schuldners, so spricht man von Holschulden.

Damit wird begrifflich verdeutlicht, daß der Schuldner seine Leistungshandlung an seinem Ort erbringen darf (der Gläubiger muß die Ware bei ihm holen).

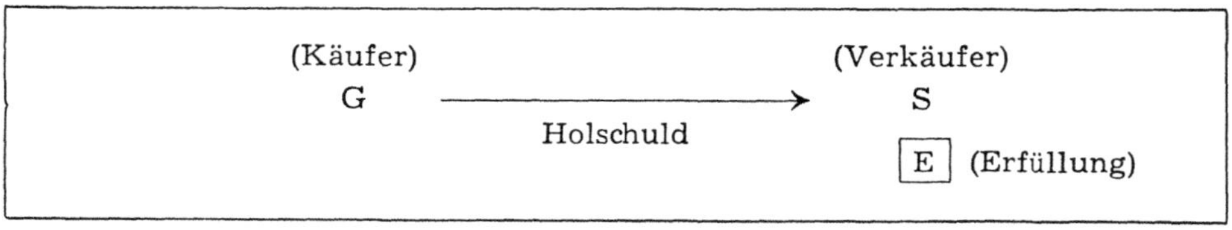

(bb) Bringschulden

Liegt dagegen der Erfüllungsort am Ort des Gläubigers, dann spricht man von Bringschulden.

Damit wird verdeutlicht, daß der Schuldner zusätzlich die Ware dem Gläubiger bringen muß und das seinerseits Erforderliche erst mit der Bewirkung der Leistungshandlung am Ort des Gläubigers erfüllt hat.

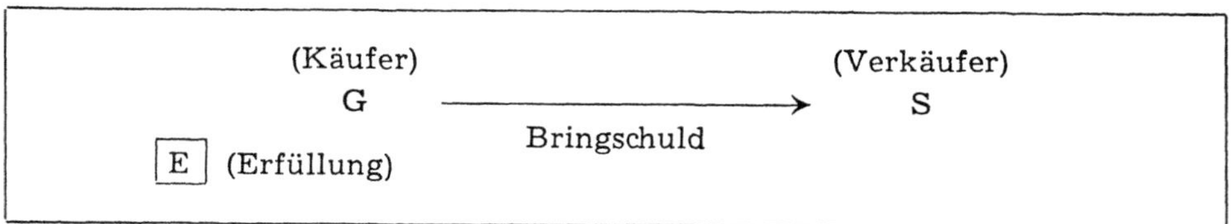

(cc) Schickschulden

Daneben kennt man noch die Schickschulden.

Auch bei den Schickschulden bleibt es zunächst dabei, daß Erfüllungsort der Wohnsitz des Schuldners ist (insofern also eigentlich eine Holschuld vorläge). Als Besonderheit kommt jedoch hinzu, daß bei Schickschulden der Schuldner die Verpflichtung der Absendung des Gutes an den Gläubiger übernommen hat.

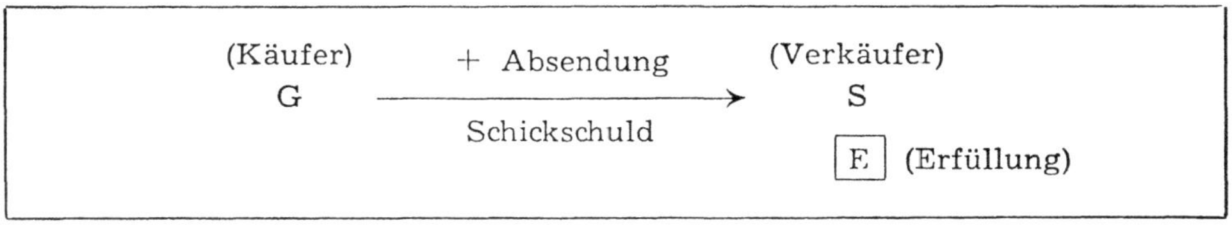

b) Regelmäßiger Erfüllungsort

Es muß noch einmal betont werden, daß sich der Erfüllungsort im konkreten Fall zunächst auf Grund einer Überprüfung der vertraglichen Bestimmungen feststellen läßt. Häufig ergibt sich aus den Umständen, wo die geschuldete Leistung zu erfüllen ist (wenn etwa ein Handwerker im Nachbarort Reparaturen auszuführen hat, dann ergibt sich aus dieser Besonderheit, daß Erfüllungsort nicht der Ort seiner Niederlassung ist, sondern der Ort der Reparatur, da er nur dort das „seinerseits Erforderliche" durchführen kann).

Läßt sich aber weder aus dem Schuldverhältnis noch aus den Umständen ablesen, wo erfüllt werden soll, greift das Gesetz zu einer Auslegungsregel. Nach § 269 BGB ist dann der Erfüllungsort identisch mit dem Wohnsitz des Schuldners, den dieser zur Zeit der Entstehung des Schuldverhältnisses hatte. Es liegt dann also eine Holschuld vor.

Für den **Zahlungsort** gilt nach § 270 die Besonderheit, daß unbeschadet der Vorschriften über den Erfüllungsort der Schuldner im Zweifel Geld auf seine Gefahr und seine Kosten dem Gläubiger an dessen Wohnsitz zu übermitteln hat.

Hinweis auf die besonderen Vorschriften des Kaufrechts:

Nach § 446 BGB geht mit der Übergabe der verkauften Sache die Gefahr des zufälligen Untergangs und einer zufälligen Verschlechterung auf den Käufer über. Spätestens mit der Empfangnahme der Ware durch den Kunden trägt dieser auch das Risiko für eine Beschädigung. Der Zeitpunkt für dieses Risiko ist nach § 447 BGB sogar vorverlagert, wenn der Verkäufer auf Verlangen des Käufers die verkaufte Sache an einen anderen Ort als den Erfüllungsort versendet. In diesem Fall geht nämlich die Gefahr bereits dann auf den Käufer über, wenn der Verkäufer die Sache dem Spediteur, Frachtführer oder sonst zur Ausführung der Versendung bestimmten Person oder Anstalt ausgeliefert hat.

Beispiel:

> Käufer K in Mannheim bestellt beim Verkäufer V in Stuttgart eine Maschine. Dann ist V in Stuttgart verpflichtet, die Maschine zu liefern. Wenn im Kaufvertrag nichts anderes gesagt ist, greift § 269 BGB ein mit der Folge, daß Stuttgart als Sitz des Schuldners (des Verkäufers) Erfüllungsort ist. Wenn K verlangt hat, die Maschine nach Mannheim zu schicken, geht das Risiko der Beschädigung bereits dann auf K über, wenn die Maschine an die Transportperson, beispielsweise an einen Frachtführer, übergeben wird. Wird die Maschine auf dem Transport beschädigt, muß K den Kaufpreis trotzdem bezahlen.

c) Prozessuale Konsequenzen des Erfüllungsortes

Der Erfüllungsort ist zugleich prozessual von Bedeutung; er ist nämlich Anknüpfungspunkt für den Gerichtsstand. Der Gerichtsstand ist entscheidend dafür, wo eine Klage geltend gemacht werden kann. Hierzu besagt § 29 ZPO, daß auch am Gerichtsstand des Erfüllungsortes wegen Streitigkeiten aus einem Vertragsverhältnis geklagt werden kann. Mit anderen Worten: Der Schuldner braucht nicht an seinem (möglicherweise entlegenen) Wohnsitz verklagt zu werden, der Gläubiger kann vielmehr an dem für ihn besser erreichbaren Erfüllungsort, also an dem Ort, an dem der Schuldner die Leistung zu erbringen hatte, Klage erheben.

V. Pflicht zur Rechnungslegung und Auskunft

In vielen Fällen besteht für den Schuldner die Pflicht zur Auskunfterteilung und Rechnungslegung. Wann das im einzelnen der Fall ist, ergibt sich aus entsprechenden vertraglichen Verpflichtungen sowie aus den verschiedensten gesetzlichen Bestimmungen. Das Schuldrecht stellt nun im allgemeinen Teil die Fälle der Auskunftserteilung und Rechnungslegung nicht zusammen, es beschränkt sich vielmehr auf eine allgemeine Aussage dahingehend, welche Verpflichtung besteht, wenn aus anderen Gesichtspunkten (vertraglichen oder gesetzlichen) eine Pflicht zur Auskunftserteilung und Rechnungslegung besteht.

Wer verpflichtet ist, über eine mit Einnahmen oder Ausgaben verbundene Verwaltung Rechenschaft abzulegen, hat dem Berechtigten eine die geordnete Zusammenstellung der Einnahmen oder der Ausgaben enthaltende Rechnung mitzuteilen und, soweit Belege erteilt zu werden pflegen, diese Belege vorzulegen (vgl. § 259 Abs. 1). Besteht Grund zu der Annahme, daß die in der Rechnung enthaltenen Angaben über die Einnahmen nicht mit der erforderlichen Sorgfalt gemacht worden sind, so hat der Verpflichtete auf Verlangen zu Protokoll an Eides Statt zu versichern, daß er nach bestem Wissen die Einnahmen so vollständig angegeben habe, als er dazu im Stande sei.

Entsprechendes gilt für die Auskunftserteilung: Wer verpflichtet ist, einen Inbegriff von Gegenständen herauszugeben oder über den Bestand eines solchen Inbegriffs Auskunft zu erteilen, hat dem Berechtigten ein Verzeichnis des Bestandes vorzulegen und gegebenenfalls unter der gleichen Voraussetzung die Richtigkeit an Eides Statt zu versichern.

1. Auskunftsfälle

Eine Pflicht zur Auskunftserteilung kennt das Gesetz in vielen Fällen. So ist bei der Forderungsabtretung (vgl. dazu Seite 53 ff.) der alte Gläubiger verpflichtet, dem neuen Gläubiger über den Bestand der Forderungen Auskunft zu erteilen. Ferner ist etwa ein Ehegatte bei Beendigung der Zugewinngemeinschaft verpflichtet, über die Höhe und den Bestand seines Vermögens zu unterrichten (§ 1379 BGB). Der Vormund hat über das Vermögen des Mündels Auskunft zu erteilen ebenso wie der Erbschaftsbesitzer gegenüber dem wahren Erben, ein Miterbe gegenüber dem anderen, der Vorerbe gegenüber dem Nacherben oder schließlich der Erbe gegenüber Pflichtteilsberechtigten. Dasselbe gilt grundsätzlich für den Beauftragten hinsichtlich der Durchführung eines Auftrags.

Daneben kann sich eine Pflicht zur Auskunftserteilung auch aus „Treu und Glauben" ergeben. Nach ständiger Rechtsprechung ist dies immer dann der Fall, wenn eine Partei im Ungewissen ist und diese Ungewißheit legitimerweise von der anderen Partei beseitigt werden kann.

Beispiel:

> Bei Unterhaltsverpflichtungen muß der in Anspruch Genommene hinsichtlich der Höhe seines Einkommens Auskunft erteilen.

2. Fälle der Rechnungslegung

Kraft Gesetzes sind zur Rechnungslegung verpflichtet: der Beauftragte (§ 666), der Geschäftsführer ohne Auftrag (§ 713) und entsprechend den Auskunftsfällen die Eltern und der Vormund, der Vorerbe und der Testamentsvollstrecker.

Darüber hinaus ist zur Rechnungslegung jeder verpflichtet, der fremde Angelegenheiten besorgt. Ein Beispiel hierfür gibt der Verwalter von Wohnungseigentum, insbesondere hinsichtlich der Abrechnung solcher Posten, für die er laufende Vorschüsse kassiert (etwa die Heizkosten).

VI. Leistung durch Dritte

In einer arbeitsteiligen Wirtschaft wird es die Ausnahme sein, daß der Schuldner in Person leistet. Freilich ist er hierzu verpflichtet, wenn die vertragliche Vereinbarung dies ihm ausdrücklich auferlegt oder die persönliche Verpflichtung zur Leistung sich kraft Gesetzes ergibt (Beispiel: Dienstvertrag, vgl. § 613 BGB). Davon abgesehen kann nach § 267 BGB auch ein Dritter die Leistung ohne Einwilligung des Schuldners bewirken.

1. Erfüllungsgehilfe

Ist es dem Schuldner gestattet, einen Dritten zur Leistungsbewirkung einzuschalten, dann taucht unwillkürlich eine weitere Frage auf: Inwiefern hat dann der Schuldner für Schadensfolgen aufzukommen, die bei der Erfüllung durch den Dritten verursacht wurden? Geht man davon aus, daß der Dritte die Verbindlichkeit „für“ den Schuldner erfüllt, so ist leicht einzusehen, daß der Schuldner dann auch für die schädigenden Handlungen des Dritten so einzustehen hat, als würden diese direkt von ihm „stammen“ (zumal er ja durch die Auswahl des Dritten das Risiko eines damit zusammenhängenden Schadens beim Gläubiger erkennen kann).

Demzufolge bestimmt § 278 BGB, daß der Schuldner ein Verschulden der Personen, deren er sich zur Erfüllung seiner Verbindlichkeiten bedient (man spricht vom Erfüllungsgehilfen), in gleichem Umfang zu vertreten hat, wie eigenes Verschulden.

2. Wirtschaftliche und rechtliche Konsequenzen

Die wirtschaftlichen und rechtlichen Konsequenzen sind erheblich. Dem arbeitsteiligen Prinzip der Wirtschaft entsprechend werden die Verbindlichkeiten, die einem Schuldner obliegen, in aller Regel durch Einschaltung von Erfüllungsgehilfen (etwa die Arbeitnehmer eines Handwerksbetriebs) erfüllt mit der rechtlichen Folge, daß für die schädigenden Handlungen des Erfüllungsgehilfen der Arbeitgeber einzustehen hat. Der Geschädigte hat dann einen Schadenersatzanspruch gegen seinen Vertragspartner und muß sich nicht an den Schädiger selbst halten. Dieser Schadenersatzanspruch ist in aller Regel weit mehr wert, da der Dienstherr des Erfüllungsgehilfen regelmäßig wirtschaftlich stärker ist als sein (als Erfüllungsgehilfe fungierender) Arbeitnehmer.

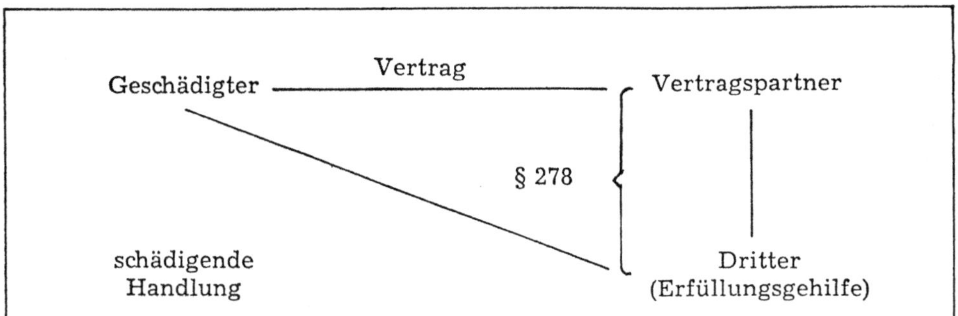

Beispiel:

E ist Eigentümer einer Eigentumswohnung in einem Hochhaus. Er stellt fest, daß sämtliche Wasserhähne tropfen, weil die Ventile undicht geworden sind. Um diesem Übelstand abzuhelfen, beauftragt er den Klempnermeister K, „die Wasserhähne nachzusehen, die schadhaften Ventile auszutauschen und auch sonst nach dem Rechten zu sehen“. Klempnermeister K hat auf Grund der momentan günstigen Auftragslage wenig Zeit und schickt den erst seit 14 Tagen bei ihm beschäftigten Lehrling L in die

Wohnung des E, um die gewünschten Reparaturen durchzuführen. L schließt vor Beginn der Ausbesserungen vorschriftsmäßig den Hauptwasserhahn, vergißt jedoch nach Auswechslung der Ventile einen zuvor geöffneten Überlaufstutzen zu schließen. Dadurch kommt es in der Wohnung zu einer Überschwemmung, bei der das wertvolle Parkett im Wohnzimmer beschädigt wird. Der Schaden beläuft sich auf über 5000 DM.

Hier hat der geschädigte E nicht nur einen Ersatzanspruch gegen den unmittelbaren Schädiger, den Lehrling L. Bei diesem dürfte in Anbetracht des geringen Verdienstes nichts zu holen sein. Für das Verschulden des L haftet jedoch der Vertragspartner des E, der Klempnermeister K. Dieser hatte nämlich den L als Erfüllungsgehilfen mit der Durchführung der Reparatur beauftragt.

Hier wird deutlich, daß § 278 BGB die Position des Geschädigten wesentlich verbessert: Wegen der (regelmäßig) besseren Vermögensverhältnisse des Arbeitgebers hat der Schadensersatzanspruch größere Erfolgsaussichten.

3. Abgrenzung zum Verrichtungsgehilfen

Das Gesetz kennt noch einen zweiten Fall, nämlich den des § 831, in dem der Geschäftsherr für seine als Verrichtungsgehilfen tätig werdenden Arbeitnehmer haftet. Nur gilt hier ein wesentlicher Unterschied: In diesem Fall kann sich der Geschäftsherr der Haftung entziehen, wenn er nachweist, daß er bei der Auswahl und Überwachung des Verrichtungsgehilfen bzw. bei der Bereitstellung der erforderlichen Gerätschaft die im Verkehr erforderliche Sorgfalt beachtet hat (§ 831 S. 2 BGB). Man spricht von der **„Exkulpationsmöglichkeit“** des Geschäftsherrn. Gelingt dem Geschäftsherrn der Exkulpationsbeweis, scheidet ein Schadenersatzanspruch gegen ihn aus; der Geschädigte ist dann auf einen Ersatzanspruch gegen den Verrichtungsgehilfen selbst beschränkt, der jedoch in aller Regel nicht dieselbe Realisierungsaussicht hat, wie der Anspruch gegenüber dem Arbeitgeber.

Beispiel:

Nehmen Sie an, im vorerwähnten Beispiel sei es durch die vom Lehrling mangelhaft ausgeführte Reparatur nicht nur zu einer Überschwemmung in der Wohnung des E, sondern auch zu Beschädigungen in der darunterliegenden Wohnung des X gekommen: Wegen des herabfließenden Wassers hatten sich die Tapeten gelöst und es war ein Schaden in Höhe von 1000 DM entstanden. X hatte den Klempnermeister K nicht beauftragt. Zwischen K und X besteht deshalb kein Vertrag. L hat gegenüber X nicht als Erfüllungsgehilfe gehandelt. § 278 BGB kommt deshalb nicht in Betracht. Aber es wäre ein Anspruch gem. § 831 BGB zu prüfen, denn Klempnermeister K hat L zu einer bestimmten Verrichtung (der Reparatur in der Wohnung des E) bestellt. Er ist deshalb zum Schadenersatz verpflichtet, wenn L in Ausführung dieser Verrichtung Schäden verursacht. Dies ist der Fall. X hätte deshalb gegen K einen Schadensersatzanspruch aus § 831 BGB. Zu prüfen wäre jedoch, ob dieser Anspruch nicht nach § 831 Satz 2 BGB ausgeschlossen ist. Wenn sich nämlich K exkulpieren kann, entfällt nach § 831 Satz 2 BGB der Ersatzanspruch des X. Dies hängt davon ab, ob Klempnermeister K seinen Lehrling L ordentlich ausgesucht hat (also nicht bereits auf Grund der Vorbildung und des Gesamteindrucks des L bei der Einstellung mit Nachlässigkeiten rechnen mußte), und es hängt weiter davon ab, ob K dem L die erforderlichen Geräte zur Reparatur verschafft hatte.

VII. Vertrag zugunsten Dritter

Oben wurde ausgeführt, daß das Schuldverhältnis eine Rechtsbeziehung zwischen Gläubiger und Schuldner darstellt. Normalerweise wird diese Rechtsbeziehung durch eine Vereinbarung zwischen dem Gläubiger und dem Schuldner begründet. Es gibt aber auch die Möglichkeit, eine Abrede des Inhalts zu schließen, daß ein Dritter unmittelbar aus dieser Abrede einen Anspruch erwirbt. In diesem Fall spricht man von einem Vertrag zugunsten Dritter (§§ 328 ff. BGB).

1. Die Vertragsbeteiligten

Beim Vertrag zugunsten Dritter wird eine Leistung an einen Dritten mit der Wirkung bedungen, daß der Dritte unmittelbar das Recht erwirbt, die Leistung zu fordern. Gläubiger ist also der Dritte. Den Schuldner nennt man den Versprechenden. Derjenige, demgegenüber das Versprechen abgegeben wird, nennt man den Versprechensempfänger.

Das Rechtsverhältnis zwischen dem Versprechensempfänger und dem Dritten wird als Valutaverhältnis bezeichnet, das Rechtsverhältnis zwischen dem Versprechensempfänger und dem Versprechenden als Deckungsverhältnis.

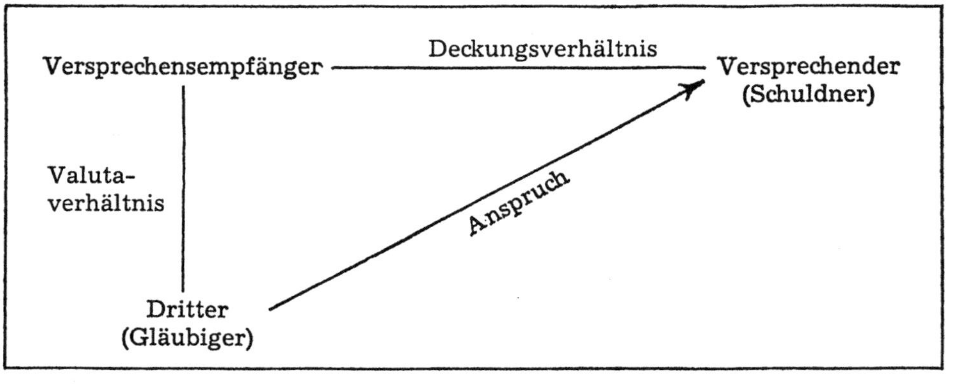

2. Rechte, Pflichten und Einwendungen im Vertragsverhältnis zugunsten Dritter

Die Hauptgruppe der Verträge zugunsten Dritter bilden die Versicherungsverträge, insbesondere die Lebensversicherungsverträge. Hier wird zwischen dem Versicherungsnehmer und der Versicherung vereinbart, daß beim Eintritt eines bestimmten Ereignisses (in der Regel bei Todesfall des Versicherten) ein Dritter (die Hinterbliebenen) einen Anspruch gegen die Versicherung auf Zahlung der Versicherungssumme erwirbt. An diesem Modell läßt sich das Rechten- und Pflichtenverhältnis besonders deutlich veranschaulichen: Nach § 328 BGB erhält der im Vertrag genannte Dritte einen direkten Anspruch gegen den Schuldner. Grund dafür ist die Abrede im Deckungsverhältnis. Hieraus folgt dann auch, daß irgendwelche Einwendungen, die der Schuldner als Versprechender auf Grund der im Deckungsverhältnis begründeten Rechtsbeziehung mit dem Versprechensempfänger (also dem Versicherungsnehmer) erheben könnte, auch gegenüber dem die vertragliche Leistung beanspruchenden Dritten gelten müssen. Das ist in § 334 BGB ausdrücklich gesagt: Einwendungen aus dem Vertrag stehen dem Versprechenden auch gegenüber dem Dritten zu. Das leuchtet insofern ein, als der Vertrag zugunsten Dritter ja nur die Besonderheit aufweist, daß die Leistung nicht dem Versprechensempfänger direkt, sondern einem Dritten erbracht werden muß. Der Grund für die Leistung ergibt sich nach wie vor aus dem Deckungsverhältnis. Demgegenüber hat der Schuldner jedoch keinerlei Einreden, die sich aus dem Verhältnis zwischen dem Versprechensempfänger und dem Dritten (also dem Valutaverhältnis) ergeben. Denn insofern soll der Vertrag zugunsten Dritter dem Schuldner keine Besserstellung verschaffen (das „Valutaverhältnis" braucht ihn ja nicht zu interessieren).

Im übrigen wird die Abrede den Wünschen der Beteiligten überlassen. Im Versicherungswesen ist die freie Vereinbarung freilich durch die weithin anzutreffenden allgemeinen Versicherungsbedingungen eingeschränkt und typisiert.

Eine große Rolle spielen die sogenannten „Sparbuchfälle". Es kommt häufig vor, daß Eltern oder Großeltern ein Sparbuch für ein geschäftsunfähiges Kind oder den Enkel anlegen und darauf Geld einzahlen.

Beispiel:

Großmutter G legt zur Geburt des Enkels E ein Sparbuch auf dessen Namen an und zahlt zu jedem späteren Geburtstag Beträge ein, bis sich eine namhafte Summe angesammelt hat. Der zunächst „brave" Enkel entwickelt sich zusehends anders als die Großmutter es sich vorstellt. Sie will deshalb das Sparbuchguthaben abheben. Wem gehört das Geld eigentlich?

Wenn ein echter Vertrag zugunsten Dritter vorliegt, wäre E Inhaber der Forderung gegen das Geldinstitut auf Auszahlung des Sparguthabens (nach näherer Maßgabe der Bankbedingungen) geworden. Die Gerichte entscheiden jedoch anders: Sie gehen davon aus, daß nicht der im Sparbuch als Begünstigter Bezeichnete, sondern der das Konto Errichtende Inhaber der Forderung gegenüber der Bank bleibt.

VIII. Vertragsstrafe

1. Die wirtschaftliche Situation

Unter einer Vertragsstrafe versteht man das Versprechen einer Strafe für den Fall der Nichterfüllung.

Vertragsstrafen sind im Wirtschaftsleben sehr häufig anzutreffen. Sie haben eine zweifache Funktion: Einmal wollen sie den Schuldner zu einer ordentlichen, insbesondere rechtzeitigen Erfüllung anhalten, da er sich im Falle der nicht gehörigen Erfüllung stets die Zahlung der Vertragsstrafe als Drohung vor Augen führen muß.

Die Vertragsstrafe hat darüber hinaus noch eine weitere Funktion, die im Zusammenhang mit Schwierigkeiten bei der Durchsetzung von Schadenersatzansprüchen gesehen werden muß. Wenn der Schuldner nicht ordentlich erfüllt, hätte der Gläubiger nach allgemeinen Grundsätzen einen Anspruch auf Schadenersatz. Häufig bestehen jedoch erhebliche Schwierigkeiten, einen Schaden nachzuweisen bzw. der Höhe nach zu beziffern.

Beispiel:

Wie hoch ist der Schaden, der einer Gemeinde entsteht, wenn der Ausbau einer Straße nicht termingerecht erfolgt? Die Ärgernisse in der Bürgerschaft begründen als solche keinen Schadenersatzanspruch.

Hat der Schuldner jedoch für bestimmte Fälle der nicht gehörigen Erfüllung eine bestimmte Summe als Strafe versprochen, dann braucht der Gläubiger sich nicht um den Nachweis des Schadens und dessen Höhe zu bemühen. Er kann statt der Erfüllung die verwirkte Strafe verlangen.

Beispiel:

Wenn der Bauherr mit einer monatlichen Mieteinnahme von 5000 DM bei einem zu erstellenden Geschäftshaus rechnet, dann wird er für jeden Monat der verspäteten Fertigstellung etwa denselben Betrag als Vertragsstrafe ansetzen. Es kommt dann nicht darauf an, ob der betreffende Betrag auch tatsächlich in dieser Höhe als Mieteinnahme erzielt worden wäre.

2. Die Verwirkung der Vertragsstrafe

Die Zahlung der Vertragsstrafe ist fällig, wenn der Schuldner „in Verzug kommt“ (vgl. § 339 S. 1 BGB), also schuldhaft nicht leistet. Besteht die Verpflichtung in einer Unterlassung, dann ist die Vertragsstrafe verwirkt, wenn der Schuldner der Unterlassungspflicht zuwider handelt.

Beispiel:

> Ein Nachbar hat sich verpflichtet, auf seinem Grundstück wettbewerbsschädigende Handlungen zu unterlassen und für jeden Fall der Zuwiderhandlung eine Strafe von 1000 DM versprochen.

3. Die Einwendungen des Betroffenen

a) Herabsetzung der Vertragsstrafe

Nach § 343 BGB kann eine Vertragsstrafe durch richterliches Urteil herabgesetzt werden. Voraussetzung hierfür ist allerdings, daß es sich um eine „unverhältnismäßig hohe" Vertragsstrafe gehandelt haben muß. Bei der Beurteilung der Angemessenheit ist nach § 343 Abs. 1 Satz 2 ausdrücklich j e d e s berechtigte Interesse des Gläubigers, nicht bloß das Vermögensinteresse in Betracht zu ziehen.

Merke: Im Handelsrecht ist die Herabsetzung der Vertragsstrafe nicht möglich (vgl. § 348 HGB).

b) Abhängigkeit der Vertragsstrafe

Die Vertragsstrafe soll eine Sanktion gegenüber der ausbedungenen Abrede darstellen. Wenn jedoch die Abrede selbst rechtlich fehlerhaft ist (Beispiel: Gesetzesverstoß, Sittenverstoß), dann kann die Vertragsstrafe nicht beziehungslos neben der Hauptverpflichtung bestehen. Auf Grund dieser Abhängigkeit der Vertragsstrafe von der Hauptverpflichtung (man spricht von „**Akzessorität**) erklärt § 344 BGB auch die Vereinbarung der Vertragsstrafe für unwirksam, wenn die Leistungsverpflichtung selbst unwirksam ist. Dies gilt auch dann, wenn die Parteien die Unwirksamkeit des Versprechens gekannt haben.

Fragen:

> 4. Welche Bedeutung hat der Grundsatz von Treu und Glauben für das Schuldverhältnis?
> 5. Ist der Schuldner berechtigt, die ihm obliegende Leistung ratenweise „abzustottern"?
> 6. Welcher Unterschied besteht zwischen einer Gattungsschuld und einer Stückschuld?

7. Wie nennt man den Vorgang, der die Gattungsschuld in eine Stückschuld verwandelt?
8. Welche gesetzliche Regelung besteht für den Ort der Leistung?
9. Nehmen Sie an, ein Arbeitnehmer verursacht während der Arbeit einen Schaden bei einem Dritten. Spielt es für den Ersatzanspruch des Dritten gegen den Arbeitgeber eine Rolle, ob zwischen ihnen beiden ein Vertragsverhältnis besteht oder nicht?
10. Wo spielt der Vertrag zugunsten Dritter im Wirtschaftsleben eine besondere Rolle?
11. Welche wirtschaftlichen Funktionen verfolgt die Vereinbarung einer Vertragsstrafe?

C. Ansprüche auf Schadenersatz

I. Die verschiedenen Arten des Schadenersatzanspruchs

Zu den wichtigsten Ansprüchen im Schuldrecht zählen die Schadenersatzansprüche. Wer durch das Verhalten eines anderen einen Schaden erleidet, wird automatisch die Frage stellen, ob ihm der andere den Schaden ersetzen muß.

Grundsätzlich sind zwei verschiedene Schadenersatzansprüche zu unterscheiden:

— Schadenersatz aus Vertragsverletzungen,
— Schadenersatz aus unerlaubter Handlung.

1. Schadenersatz aus Vertragsverletzungen

Wer schuldhaft die Pflichten aus einem Schuldverhältnis (meist aus einem Vertrag) verletzt, muß dem Vertragspartner den entstehenden Schaden ersetzen.

Beispiel:

> Der Verkäufer liefert nicht termingemäß, so daß der Käufer Umsatzeinbußen erleidet.

Welche Voraussetzungen hierzu gegeben sein müssen und welche verschiedenen Typen des vertraglichen Schadenersatzes es gibt, wird gleich anschließend im Abschnitt Leistungsstörungen im Schuldverhältnis s. S. 30 dargestellt.

2. Schadenersatzansprüche aus unerlaubter Handlung

Wer rechtswidrig und schuldhaft fremde Rechtsgüter verletzt, ist aus dem Gesichtspunkt der unerlaubten Handlung (Delikt) gem. §§ 823 ff. BGB zum Schadenersatz verpflichtet.

Beispiel:

> Wer durch einen mutwilligen Steinwurf die Scheibe seines Nachbarn einwirft, verletzt dessen Eigentum und muß unter dem Gesichtspunkt des Schadenersatzes aus unerlaubter Handlung die Kosten für die Reparatur bezahlen.

Die einzelnen Voraussetzungen dieses Schadenersatzanspruches und die verschiedenen Tatbestände werden unten in Abschnitt N. (s. S. 85 ff.) im besonderen Schuldrecht dargestellt.

II. Grundsätzliches zum Schadenersatzanspruch

Vor der Darstellung des vertraglichen Schadenersatzanspruches und des Schadenersatzanspruches aus unerlaubter Handlung sollten Sie sich zunächst nur folgendes vergegenwärtigen:

Vertragliche Schadenersatzansprüche können naturgemäß nur dort geltend gemacht werden, wo zwischen Schädiger und Geschädigtem eine vertragliche Beziehung besteht.

Ansprüche aus unerlaubter Handlung setzen eine Vertragsbeziehung nicht voraus, greifen vielmehr immer dann ein, wenn das Rechtsgut eines anderen (Hauptbeispiele: Eigentum, Leib und Leben) verletzt wird.

Daraus folgt, daß selbstverständlich ein Schadenersatzanspruch aus unerlaubter Handlung (zusätzlich) auch dann eingreifen kann, wenn zwischen den Beteiligten ein Vertragsverhältnis besteht. In diesem Fall können dann **zwei Ansprüche nebeneinander** geltend gemacht werden (hier: der vertragliche und der deliktische Schadenersatzanspruch); freilich erhält der Gläubiger den Schaden nur einmal ersetzt.

Immer wenn mehrere Ansprüche gleichzeitig geltend gemacht werden können, spricht man von einer **„Anspruchskonkurrenz"**. Der vertragliche und der deliktische Schadenersatzanspruch können also in Anspruchskonkurrenz zueinander stehen. Das hat auch seinen Sinn, da die Beweislast für die verschiedenen Ansprüche unterschiedlich geregelt sein kann.

Beispiel:

Der Schädiger bestreitet das Vorliegen eines Vertrages und damit den vertraglichen Anspruch; der Geschädigte kann aber nachweisen, daß sein Eigentum verletzt wurde.

III. Das Verschulden als gemeinsame Voraussetzung

Wenn auch die Voraussetzungen des vertraglichen und des deliktischen Schadenersatzanspruches unterschiedlich sind, so ist doch ein gemeinsames Merkmal festzustellen:

Voraussetzung für den Schadenersatzanspruch ist es, daß der Schädiger das schädigende Ereignis „zu vertreten hat".

Was hat der „Schädiger zu vertreten"? Nach § 276 BGB hat der Schuldner zunächst Vorsatz und Fahrlässigkeit zu vertreten.

Unter Vorsatz versteht man die wissentliche Herbeiführung des Taterfolges.
Unter Fahrlässigkeit versteht man gem. § 276 Abs. 1 Satz 2 BGB die „Außerachtlassung der im Verkehr erforderlichen Sorgfalt".

In beiden Fällen spricht man von „Verschulden". Wer also entweder vorsätzlich oder zumindest fahrlässig handelt, hat das von ihm verursachte Ereignis verschuldet und damit „zu vertreten".

IV. Ergänzungen

Zu ergänzen ist jedoch, daß auch über das Verschulden hinaus manchmal gehaftet wird, so daß der Begriff „Verschulden" enger ist als der Begriff des „Vertretenmüssens".

Weiter muß ergänzt werden, daß man beim Einschalten von Erfüllungsgehilfen (siehe Seite 20 oben) auch das Verschulden eines anderen zu vertreten hat.

Und ein letztes: Es gibt nach deutschem Recht Ausnahmefälle, in denen man auch ohne Verschulden haftet. Man spricht hier von der **„Gefährdungshaftung"**.

Beispiel:

> Der Halter eines Kraftwagens haftet für Schäden bei Verkehrsunfällen unabhängig davon, ob ein Verschulden vorliegt oder nicht. Dieses große Risiko ist konsequenterweise durch eine Pflichtversicherung abgedeckt.

V. Zusammenfassung

Fassen wir zusammen:

- Man unterscheidet vertragliche und deliktische Schadenersatzansprüche.
- Schadenersatzansprüche bestehen nur dann, wenn der Geschädigte das schädigende Ereignis zu vertreten hat (üblicherweise: wenn er mindestens fahrlässig gehandelt hat).

D. Leistungsstörungen im Schuldverhältnis

Lernziel:

> Nach Durcharbeitung dieses Abschnittes müssen Sie die verschiedenen Fälle der Leistungsstörungen (Unmöglichkeit, Verzug, positive Vertragsverletzung sowie einige Sonderformen) definieren können. Darüber hinaus müssen Sie in der Lage sein, die jeweils zutreffenden Rechtsfolgen für die verschiedenen Fälle der Leistungsstörungen zu nennen.

I. Überblick

Von Leistungsstörungen spricht man, wenn der Schuldner

- nicht leistet, weil ihm die Leistung unmöglich wurde (Fall der Unmöglichkeit);
- verspätet leistet (Fall des Verzugs);
- schlecht leistet oder Nebenpflichten verletzt (Fall der sog. positiven Vertragsverletzung).

In diesem Zusammenhang sind als besonders häufig auftretende Gruppe die Sachmängel zu nennen: Der Verkäufer liefert einen Gegenstand, der mit Fehlern behaftet ist, die den Wert oder die Tauglichkeit zu dem gewöhnlichen oder vertragsgemäßen Gebrauch aufheben oder mindern. Zu beachten ist jedoch, daß beim Vorliegen von Sachmängeln der Käufer seine Rechte auch dann geltend machen kann, wenn den Verkäufer kein Verschulden trifft. (Vgl. auch Schuldrecht — Besonderer Teil, Abschnitt I., Seite 63.)

II. Die Unmöglichkeit

Unmöglichkeit liegt vor, wenn die Leistung nicht erbracht werden kann.

Das Gesetz unterscheidet mehrere Fälle der Unmöglichkeit:

- **Nachträgliche Unmöglichkeit**

Beispiel:

V vermietet seine im Industriegebiet gelegene Lagerhalle zum 1. 10. 1976 an M. Einen Tag nach Vertragsunterzeichnung bricht im Industriegebiet ein Großfeuer aus, bei dem auch die Lagerhalle des V bis auf die Grundmauern zerstört wird. Die Leistung ist dem V nach Vertragsabschluß unmöglich geworden.

● Ursprüngliche Unmöglichkeit

Beispiel:

V vermietet wiederum seine Lagerhalle an M. Im Unterschied zum vorangegangenen Beispiel war es bereits in der Nacht vor Vertragsabschluß zu besagtem Großfeuer gekommen. In diesem Fall ist die Leistung dem V ebenfalls unmöglich, jedoch auf Grund eines Ereignisses, das vor Vertragsabschluß eintrat. Nach § 306 BGB ist ein derartiger Vertrag nichtig.

Wenn V aber die Unmöglichkeit der Leistung kannte oder kennen mußte (weil er bereits vom Brand verständigt war oder damit rechnen mußte, daß das Feuer auch seine Lagerhalle erfaßt haben würde), muß er gem. § 307 BGB Schadenersatz leisten.

● Ursprüngliches Unvermögen

Beispiel:

V hatte die Lagerhalle bereits an den Interessenten I vermietet, als er (vielleicht auf Drängen des M) auch mit M einen Mietvertrag über dasselbe Objekt abschließt (vielleicht weil M so sehr an der Lagerhalle interessiert war, daß er V zusicherte, für eventuelle Schadenersatzansprüche aufkommen zu wollen).

Zwei Besonderheiten sind kennzeichnend für diesen Fall: Bereits bei Vertragsabschluß (mit M) war dem V die Leistung nicht möglich (also ursprüngliche oder anfängliche Unmöglichkeit).

Zum anderen: Nur V ist die Leistung unmöglich, ein anderer (nämlich der I) wäre in der Lage, sie zu erbringen. Wenn nur dem Schuldner die Leistung nicht möglich ist, wohl aber ein anderer sie erbringen kann, spricht man von **subjektiver Unmöglichkeit** oder von **Unvermögen.**

Das ursprüngliche Unvermögen hat jedoch im Gegensatz zur ursprünglichen (objektiven) Unmöglichkeit keinen Einfluß auf die Wirksamkeit des Vertrages, d. h., daß der Mietvertrag zwischen V und M voll wirksam ist. Bei Nichterfüllung kommen dann Schadenersatzansprüche in Betracht.

● Nachträgliches Unvermögen

Beispiel:

V hat die Lagerhalle an M zum 1. 10. 1976 vermietet. Der Vertrag wurde am 1. 9. 1976 geschlossen. Am 15. 9. 1976 schließt V noch einmal einen Mietvertrag mit I ab, der ihm eine wesentlich höhere Miete und eine Freistellung von etwaigen Schadenersatzansprüchen garantiert. Am selben Tag wird das Mietobjekt übergeben. Hier kann V die Leistung an seinen Vertragspartner M am 1. 10. 1976 nicht mehr erbringen, weil I bereits rechtmäßig im Besitz des Anwesens ist. V hat diese Unmöglichkeit nach Vertragsabschluß herbeigeführt. Da nur ihm die Leistung unmöglich ist, handelt es sich um einen weiteren Fall des Unvermögens, nämlich des nachträglichen Unvermögens. Dieses ist in seinen rechtlichen Konsequenzen gem. § 275 Abs. 2 BGB der nachträglichen (objektiven) Unmöglichkeit gleichgestellt.

1. Anfängliche und nachträgliche Unmöglichkeit

Zunächst kann nach dem Zeitpunkt der Unmöglichkeit gefragt werden. Hierbei lautet die entscheidende Frage: Ist die Unmöglichkeit vor oder nach Vertragsabschluß eingetreten?

Lag die Unmöglichkeit bereits zum Zeitpunkt des Vertragsabschlusses vor, so spricht man von anfänglicher (oder auch ursprünglicher) Unmöglichkeit.

Trat der zur Unmöglichkeit führende Umstand jedoch erst nach Vertragsabschluß ein, so spricht man von nachträglicher Unmöglichkeit.

Beispiel:

Ein verkauftes Kraftfahrzeug ist nach Vertragsabschluß ausgebrannt: nachträgliche Unmöglichkeit.

2. Objektive und subjektive Unmöglichkeit

Bei der Unmöglichkeit kann weiter geprüft werden, w e m die Erbringung der Leistung nicht möglich ist. Es kann sein, daß zwar der Schuldner die versprochene Leistung nicht erbringen kann, wohl aber ein anderer (beliebiger Dritter) zur Leistung im Stande wäre. Verspricht der Schuldner die Lieferung eines Gegenstandes, den er selbst noch beziehen muß, dann kann er im Falle der Nichtbelieferung durch seinen Lieferanten die versprochene Leistung nicht bewirken. Wohl ist die Leistung als solche durchaus möglich, da besagter Vorlieferant ja immer noch den Gegenstand zur Verfügung stellen kann.

Anders ist es, wenn überhaupt niemand in der Lage wäre, die versprochene Leistung zu erbringen. Kann niemand die Leistung erbringen (etwa weil eine derartige Leistung aus physikalischen Gründen nicht möglich ist oder ein bestimmter Gegenstand nur einmal auf der Welt existiert und nicht mehr vorhanden ist), dann spricht man von objektiver Unmöglichkeit. Hiermit wird verdeutlicht, daß die Leistung objektiv, also niemandem möglich ist.

Ist die Leistung jedoch theoretisch erbringbar, sieht sich nur der Schuldner hierzu nicht in der Lage, dann spricht man von subjektiver Unmöglichkeit, um zu verdeutlichen, daß nur der Schuldner (subjektiv) nicht leisten kann.

3. Die rechtliche Erfassung der verschiedenen Unmöglichkeitstatbestände

a) Nachträgliche Unmöglichkeit

Wird die Leistung infolge eines nach der Entstehung des Schuldverhältnisses eintretenden Umstandes unmöglich („nachträgliche Unmöglichkeit"), so macht das Gesetz die Rechtsfolge davon abhängig, ob der Schuldner den betreffenden Umstand zu vertreten hat oder nicht.

(aa) Schuldner hat nicht zu vertreten

Hat er den Umstand nicht zu vertreten (kann er also nichts dafür, daß der zu leistende Gegenstand untergegangen ist), so wird er von der Leistung frei (§ 275 Abs. 1 BGB). Der Gläubiger muß den entstandenen Schaden tragen.

Beispiel:

Der Verkäufer des Kraftfahrzeugs muß weder liefern noch Schadenersatz leisten, wenn die Explosion nach Vertragsabschluß ohne sein Verschulden erfolgte (das parkende Fahrzeug wurde bei einer Demonstration von Rowdies angezündet).

Dabei ist es unerheblich, ob es sich um eine objektive oder subjektive Unmöglichkeit handelt. Nach § 275 Abs. 2 BGB ist ausdrücklich bestimmt, daß einer nach der Entstehung des Schuldverhältnisses eintretenden Unmöglichkeit das nachträglich eintretende Unvermögen des Schuldners (subjektive Unmöglichkeit) gleichgestellt ist.

Besonderes gilt für die Gattungsschuld (wenn also die geschuldete Leistung nicht individualisiert, sondern nur nach Artmerkmalen bestimmt ist (vgl. oben Seite 13)). Hier bestimmt § 279 BGB, daß der Schuldner „sein Unvermögen zur Leistung auch dann zu vertreten hat, wenn ihm ein Verschulden nicht zur Last fällt, solange die Leistung aus der Gattung möglich ist". D. h. im Klartext: Bei der Gattungsschuld kommt es entscheidend darauf an, ob Gegenstände der betreffenden Gattung überhaupt noch vorhanden sind. Ob der zur Lieferung verpflichtete Lieferant sie beschaffen kann, ist nicht entscheidend. Er kann sich nicht damit entschuldigen, daß nur andere, er selbst aber nicht, zur Leistung in der Lage seien.

Beispiel:

Während eines strengen Winters treten Engpässe in der Heizölversorgung auf. In Erwartung außerordentlicher Gewinnchancen geht der inländische Mineralölgroßhändler M eine Reihe von Lieferverpflichtungen mit Zwischenhändlern ein „zum jeweiligen Tagespreis". Er hofft, daß dieser weit über seinen Einkaufspreisen liegen werde. Durch unvorhergesehene Maßnahmen der OPEC-Länder kommt es zu Versorgungsschwierigkeiten. M erhält von seinen Zulieferanten ein beschränktes Kontingent. Er ist nicht in der Lage, eine Reihe weiterer zugesagter Lieferungen an Abnehmer zu erfüllen. Diese Abnehmer müssen sich daraufhin bei anderen Zwischenhändlern zu noch höheren Preisen eindecken. Können sie den Mehrpreis von M erstattet verlangen?

Zwischen M und den Abnehmern wurden Kaufverträge abgeschlossen, bei denen der Lieferungsgegenstand Heizöl nur nach Artmerkmalen bestimmt war. Es liegen also Gattungsschulden vor. In diesem Fall kann M nicht

> mit befreiender Wirkung einwenden, er sei zur Lieferung von Mineralöl nicht in der Lage. Solange am Markt Mineralöl zu erhalten ist (wenn auch zu höheren Preisen), bleibt der Schuldner zur Leistung verpflichtet. Er hat dann nach § 279 BGB — im Unterschied zur Stückschuld — sein Unvermögen auch dann zu vertreten, wenn ihm ein Verschulden nicht zur Last fällt. Die Abnehmer können deshalb von M die Preisdifferenz als Schaden einklagen.

(bb) Schuldner hat zu vertreten

Anders ist die Rechtslage, wenn der Schuldner die nachträgliche Unmöglichkeit zu vertreten hat.

Beispiel:

> Der Brand an besagtem Fahrzeug entstand dadurch, daß der Verkäufer nach Vertragsabschluß den Wagen noch einmal aufpolieren wollte und dabei ein feuergefährliches Putzmittel benutzte.

In diesen Fällen muß er gem. § 280 Abs. 1 BGB dem Gläubiger den durch die Nichterfüllung entstehenden Schaden ersetzen.

Beispiel:

> Der Käufer hatte seinerseits bereits wieder einen Abnehmer, der ihm 200 DM mehr bezahlt hätte: Schadenersatz in Höhe dieses Betrages.

(cc) Anspruch auf die Ersatzleistung

In beiden Fällen der nachträglichen Unmöglichkeit (also gleichgültig, ob der Schuldner den Untergang der versprochenen Leistung zu vertreten hat oder nicht) hat der Gläubiger eine Wahlmöglichkeit. Er kann nach § 281 Abs. 1 BGB die Herausgabe der sog. Ersatzleistung verlangen. Hierunter versteht man folgendes: Es ist denkbar, daß der Schuldner eben infolge des Umstandes, welcher die Leistung unmöglich macht, für den geschuldeten Gegenstand einen Ersatz oder einen Ersatzanspruch erlangt. Dann wäre es unbillig, dem Schuldner diesen Anspruch zu belassen. Denn hätte er ordnungsgemäß erfüllt bzw. erfüllen können, so wäre diese Ersatzleistung ja auch dem Gläubiger zugute gekommen.

Übersicht:

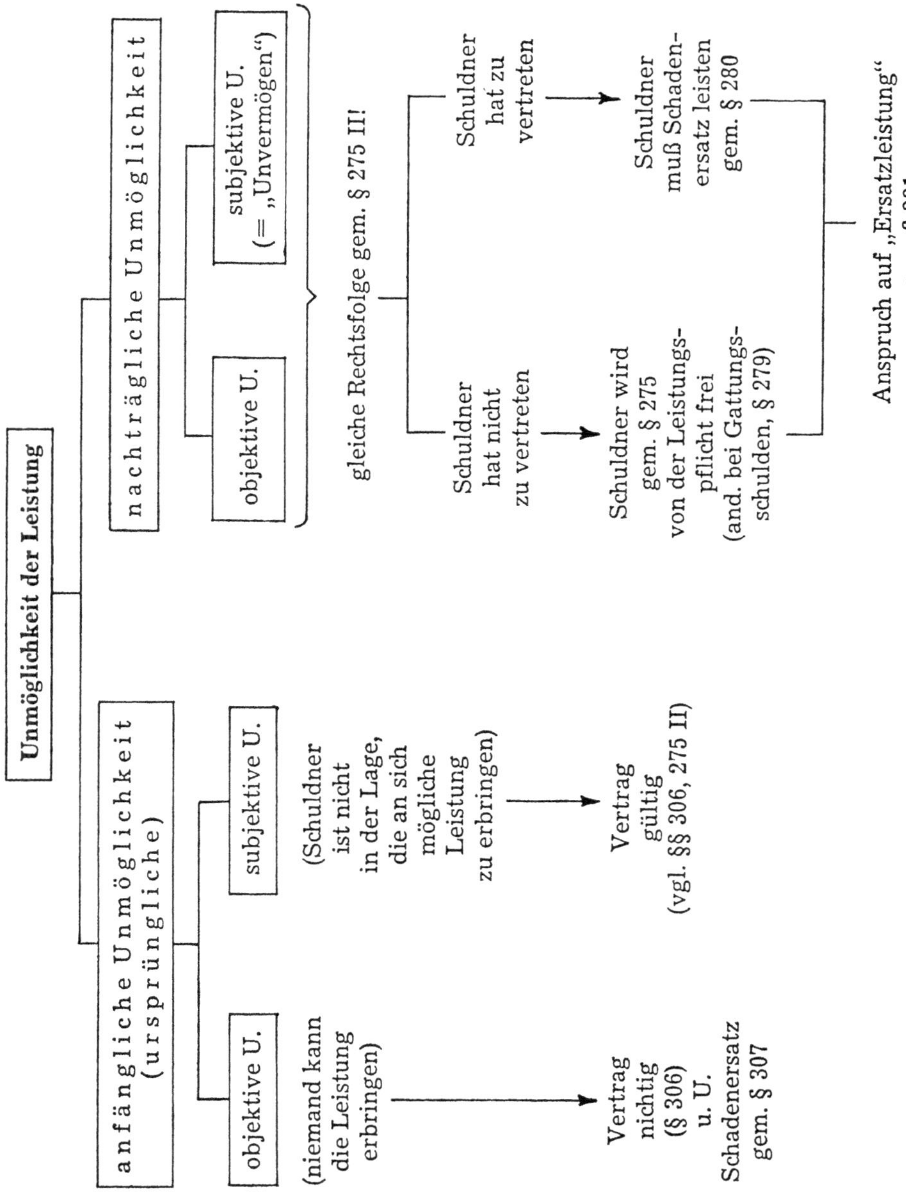
Unmöglichkeit der Leistung
anfängliche Unmöglichkeit (ursprüngliche)
nachträgliche Unmöglichkeit
objektive U.
subjektive U.
objektive U.
subjektive U. (= „Unvermögen“)
(niemand kann die Leistung erbringen)
(Schuldner ist nicht in der Lage, die an sich mögliche Leistung zu erbringen)
gleiche Rechtsfolge gem. § 275 II!
Schuldner hat nicht zu vertreten
Schuldner hat zu vertreten
Vertrag nichtig (§ 306) u. U. Schadenersatz gem. § 307
Vertrag gültig (vgl. §§ 306, 275 II)
Schuldner wird gem. § 275 von der Leistungspflicht frei (and. bei Gattungsschulden, § 279)
Schuldner muß Schadenersatz leisten gem. § 280
Anspruch auf „Ersatzleistung“ gem. § 281

Beispiel:

Der verkaufte Gegenstand war hoch versichert. Wenn er nach Vertragsabschluß abbrennt, kann der Käufer die Versicherungssumme verlangen. Er wird dies tun, wenn diese den Kaufpreis übersteigt (den er dann an den Verkäufer entrichten muß).

b) Anfängliche Unmöglichkeit

Anfängliche Unmöglichkeit liegt vor, wenn die Leistung bereits bei Vertragsabschluß nicht erbracht werden kann. Dieser Fall ist in § 306 BGB geregelt. Hier heißt es: „Ein auf eine unmögliche Leistung gerichteter Vertrag ist nichtig". Nun muß aber beachtet werden, daß diese Bestimmung einschränkend zu lesen ist. Dem Wortlaut nach würde sie sowohl die objektive als auch die subjektive Unmöglichkeit erfassen. Gemeint jedoch ist nur die objektive Unmöglichkeit. Nur wenn ein Vertrag schon zur Zeit seines Abschlusses von niemandem erfüllt werden kann (also objektiv unmöglich ist), tritt die besagte Rechtsfolge — nämlich die Nichtigkeit des geschlossenen Vertrages — ein. Ist dagegen nur dem Schuldner die Leistung unmöglich, wenngleich schon im Augenblick des Vertragsabschlusses, dann ist der Vertrag gleichwohl gültig. Diese einschränkende Auslegung des § 306 BGB ergibt sich aus einem **Umkehrschluß** im Vergleich zu § 275 Abs. 2 BGB. In § 275 BGB ist die objektive und die subjektive Unmöglichkeit im Falle der nachträglichen Unmöglichkeit ausdrücklich gleichgestellt. In § 306 BGB fehlt es an einer derartigen ausdrücklichen Anordnung. Hieraus schließt man, daß der Gesetzgeber bewußt die subjektive Unmöglichkeit weggelassen und damit zum Ausdruck gebracht habe, er wolle diesen Fall abweichend zur objektiven Unmöglichkeit regeln.

Ergebnis demnach: Ein Vertrag ist nur dann nichtig, wenn er auf eine Leistung gerichtet war, die bereits bei Vertragsabschluß von niemandem erfüllt werden kann. Der Vertrag ist jedoch gültig, wenn lediglich der Schuldner zur Vertragserfüllung nicht in der Lage ist.

Die Fälle der anfänglichen, objektiven Unmöglichkeit sind daher selten.

III. Verzug des Schuldners

Im Unterschied zur Unmöglichkeit, kann die Leistung beim Verzug noch erbracht werden. Es wird jedoch zu spät geleistet. Der Gläubiger fragt sich, ob er Schadenersatz verlangen kann.

1. Begriff und Voraussetzungen des Schuldnerverzugs

Der Schuldner kommt in Verzug, wenn er die versprochene Leistung nicht termingerecht erbringt. Verzug setzt voraus:

- Fälligkeit,
- notfalls Mahnung,
- Verschulden.

a) Fälligkeit

Erste Voraussetzung ist somit die Fälligkeit der Leistung. Diese ergibt sich (entspechend dem oben unter dem Stichwort „Leistungszeit" Ausgeführten) entweder aus den Bestimmungen des Vertrages oder aus den Umständen. Im Zweifel ist die Leistung nach § 271 BGB sofort fällig.

b) Mahnung

Als zweite Voraussetzung für den Eintritt des Schuldnerverzugs ist die Mahnung des Gläubigers erforderlich.

Unter einer Mahnung versteht man die dringende Leistungsaufforderung durch den Gläubiger. Sie hat bei oder nach Eintritt der Fälligkeit zu erfolgen. Ihr ist gem. § 284 Abs. 1 Satz 2 BGB die Klageerhebung oder die Zustellung eines Zahlungsbefehls (vom 1. 7. 1977 an heißt dieser „Mahnbescheid") gleichgestellt (dringlicher als durch Klage kann man nicht mahnen).

In bestimmten Fällen bedarf es jedoch einer Mahnung von vornherein nicht: Ist für die Leistung eine Zeit nach dem Kalender bestimmt, so kommt der Schuldner ohne Mahnung in Verzug, wenn er nicht zu der bestimmten Zeit leistet (§ 284 Abs. 2 Satz 1 BGB).

Das gleiche gilt, wenn der Leistung eine Kündigung vorauszugehen hat und die Zeit für die Leistung in der Weise bestimmt ist, daß sie sich von der Kündigung an nach dem Kalender berechnen läßt.

c) Verschulden

Als dritte Voraussetzung ist gem. § 285 BGB schließlich erforderlich, daß die Leistung infolge eines Umstandes unterbleibt, den der Schuldner zu vertreten hat. Dabei wird jedoch das Verschulden des Schuldners vermutet. Es obliegt dann dem Schuldner darzutun, daß ihm an der Verzögerung der Leistung kein Verschulden trifft. Das Gesetz bringt diese Beweislastumkehr durch die negative Formulierung in § 285 BGB zum Ausdruck.

2. Rechtsfolgen des Schuldnerverzugs

a) Ersatz des „Verzögerungsschadens"

Kommt der Schuldner in Verzug, dann hat er dem Gläubiger den durch den Verzug entstehenden Schaden zu ersetzen (§ 286 BGB).

Beispiel:

Schokoladenfabrikant S sollte für das Ostergeschäft 10 000 Osterhasen an den Grossisten liefern. Lieferzeitpunkt spätestens 15. Februar. Die Lieferung bleibt aus. Der Grossist muß teurer von einem anderen Händler einkaufen. Er kann wegen des Mehrpreises Schadenersatz verlangen.

b) Die Verzinsung von Geldschulden

Außerdem ist eine Geldschuld während des Verzugs zu verzinsen. Hierbei nennt das Gesetz den gesetzlichen Zinssatz von 4 Prozent (§ 288 BGB), der in den heutigen konjunkturellen Situationen nicht mit dem banküblichen Zins übereinstimmt. Da jedoch nach § 288 Abs. 2 BGB die Geltendmachung eines weiteren Schadens nicht ausgeschlossen ist, kann die Differenz zwischen dem tatsächlich in Anspruch genommenen und dem vom Schuldner aufzubringenden Zins als weiterer Schaden ersetzt verlangt werden. Häufig sehen vertragliche Zahlungsbedingungen ohnehin einen höheren Zinssatz bei Verzug vor.

c) Die verschärfte Haftung des Schuldners

Schließlich führt der Verzug zu einer verschärften Haftung des Schuldners:

Während des Verzugs hat der Schuldner jede Fahrlässigkeit zu vertreten.

Bestimmt das Gesetz an anderer Stelle, daß der Schuldner nur für eine besondere Form der Fahrlässigkeit (etwa grobe Fahrlässigkeit) haftet, dann muß er spätestens nach Eintritt des Verzuges auch für solche Umstände eintreten, hinsichtlich derer ihm nur eine geringere Fahrlässigkeit zur Last fällt.

Auch ist der Schuldner für die während des Verzuges durch Zufall eintretende Unmöglichkeit verantwortlich (§ 287 Satz 2 BGB).

Geht also der versprochene Gegenstand infolge eines Umstandes unter, den weder der Gläubiger noch der Schuldner zu vertreten hat („Zufall"), so liegt das Risiko für diese Gefahr beim Schuldner. Dies gilt nur dann nicht, wenn der Schaden auch bei rechtzeitiger Leistung eingetreten sein würde.

Beispiel:

Der Verkäufer des Kraftfahrzeugs war bereits im Verzug, als die Demonstration stattfand, bei der das Fahrzeug beschädigt wurde.

d) Schadenersatz wegen Nichterfüllung

Es kann sein, daß der Gläubiger gar kein Interesse mehr an der verspäteten Leistung hat. Dies wird nach § 286 Abs. 2 BGB berücksichtigt: Für diesen Fall kann der Gläubiger unter Ablehnung der Leistung Schadenersatz wegen Nichterfüllung verlangen. Er ist also so zu stellen, wie er bei gehöriger Erfüllung stehen würde.

IV. Positive Vertragsverletzung

1. Begriff und Voraussetzungen

Wie oben bei der allgemeinen Leistungspflicht ausgeführt, hat der Schuldner nicht nur die Pflicht, überhaupt zu erfüllen. Wie wir gesehen haben (vgl. oben Seite 7), obliegt ihm vielmehr nach Treu und Glauben, die Leistung ordentlich und unter Beachtung der Gläubigerinteressen zu erbringen. Hieraus ergeben sich Nebenpflichten, bei deren Verletzung sich der Schuldner schadenersatzpflichtig macht.

Das Gesetz kennt den Begriff der positiven Vertragsverletzung nicht. Er wurde von der Rechtsprechung und Rechtswissenschaft entwickelt und hat sich heute allgemein eingebürgert, wenngleich die Bezeichnungen, auch anders lauten **(positive Forderungsverletzung, sonstige Forderungsverletzung).**

Die positive Vertragsverletzung kann in zwei Formen auftreten:

Einmal in Form der sog. Schlechterfüllung und in Form der Verletzung von Nebenpflichten. In beiden Fällen wird der Leistungserfolg nicht ordentlich herbeigeführt, so daß beim Gläubiger Schäden entstehen.

Beispiele:

Der vom Schuldner gelieferte Gegenstand explodiert; der Verpächter eröffnet im gleichen Haus ein Konkurrenzgeschäft.

Im ersten Fall leistet der Schuldner schlecht, im zweiten verstößt er gegen Nebenpflichten. Alle diese Nebenpflichten ergeben sich aus Treu und Glauben, ohne daß sie in den Vertrag ausdrücklich aufgenommen werden. Wenn jemand in einem Haus ein Ladengeschäft mit speziellem Sortiment verpachtet, dann darf er auch ohne ausdrückliche Wettbewerbsklausel nicht einen zweiten Laden mit demselben Sortiment im gleichen Haus eröffnen.

Worum es bei der positiven Vertragsverletzung geht, läßt sich noch deutlicher am sog. „Bilanzfall" darstellen: Ein Steuerberater erstellt eine Bilanz, die jedoch Fehler aufweist, wodurch der betreffende Unternehmer zu Fehldispositionen veranlaßt wird, die einen erheblichen Schaden veranlassen.

Hier wird die Leistung vom Schuldner (Steuerberater) erbracht (es liegt also keine Unmöglichkeit vor). Die Leistung wird auch rechtzeitig erbracht (es liegt deshalb auch kein Fall des Verzugs vor). Die Leistung wird aber schlecht erbracht und verursacht beim Leistungsempfänger (Unternehmer) einen Schaden. Wenn die Schlechtleistung schuldhaft erfolgte, muß der Vertragspartner den Schaden aus dem Gesichtspunkt der positiven Vertragsverletzung ersetzen.

Weitere Voraussetzung der positiven Vertragsverletzung ist also, daß der Schuldner die betreffenden Umstände, die den Schaden herbeigeführt haben, zu vertreten hat.

Auch hier gilt — wie bei den anderen Formen der Leistungsstörung — das Verschuldensprinzip.

2. Rechtsfolgen

Liegen die geschilderten Voraussetzungen (Schlechterfüllung bzw. Verletzung von Nebenpflichten sowie Vertretenmüssen) vor, muß der Schuldner Schadenersatz leisten.

V. Leistungsstörungen beim gegenseitigen Vertrag

1. Begriff des gegenseitigen Vertrags

Bisher haben wir nur die Leistungsbeziehung des Gläubigers zum Schuldner im Auge gehabt. Es darf jedoch nicht außer Betracht bleiben, daß eine Leistungsbeziehung in den wenigsten Fällen einseitig ist. Vielmehr erfolgt die Leistung in der Regel um der Gegenleistung willen.

Beispiele:

> Der Verkäufer übereignet und übergibt den Kaufgegenstand, weil er den Kaufpreis erhält oder umgekehrt formuliert: Der Käufer bezahlt, weil er die Ware bekommt.

Wenn aber die Leistung um der Gegenleistung willen erbracht wird, dann leuchtet ein, daß Leistungsstörungen in der einen Leistungsbeziehung nicht ohne Auswirkungen auf die andere Leistungsbeziehung bleiben können.

Ist eine Leistung um der Gegenleistung willen vereinbart, dann sprechen wir vom gegenseitigen Vertrag.

Beispiele:

Kauf, Miete, Dienst- und Werkvertrag.

2. Auswirkungen der Unmöglichkeit auf die Gegenleistung im gegenseitigen Vertrag

a) Niemand hat die Unmöglichkeit zu vertreten

Wird im gegenseitigen Vertrag der Schuldner von seiner Leistungspflicht frei, weil er den zur Unmöglichkeit führenden Umstand nicht zu vertreten hat (§ 275 BGB), dann taucht die Frage auf, was mit der Gegenleistung geschieht.

Konkret: Wenn der Verkäufer nicht mehr leisten muß, weil der verkaufte Gegenstand nach Vertragsabschluß ohne sein Verschulden unterging, dann wird gefragt, ob der Verkäufer trotzdem den Kaufpreis vom Käufer verlangen kann.

Die Frage stellen heißt sie verneinen: Kein vernünftiger Gesetzgeber kann das Abhängigkeitsverhältnis von Leistung und Gegenleistung im gegenseitigen Vertrag bei der Unmöglichkeit leugnen. Deshalb bestimmt § 323 BGB:

> *„Wird die aus einem gegenseitigen Vertrag dem einen Teil obliegende Leistung infolge eines Umstandes unmöglich, den weder er noch der andere Teil zu vertreten hat, so verliert er den Anspruch auf die Gegenleistung".*

Beispiel:

> Hat der Vermieter einen Mietvertrag mit dem Mieter abgeschlossen über die Überlassung eines Zimmers zum 1. 5. und kommt es nach Vertragsabschluß zu einem Brand, bei dem das Gebäude völlig zerstört wird, weil die Nachbarskinder unbeaufsichtigt gezündelt haben, dann hat der Vermieter die dadurch eintretende Unmöglichkeit der Leistung nicht zu vertreten. Er wird nach § 275 BGB von seiner Verpflichtung (den Mietgegenstand zur Verfügung zu stellen) frei. Er verliert dann aber auch nach § 323 BGB den Anspruch auf die Gegenleistung, d. h. den Anspruch auf die Mietzahlung.

Es geht in den vorliegenden Fällen also darum, wer die Gefahr für den Fall trägt, daß niemand etwas für den eingetretenen Umstand kann (das Gesetz spricht von „Z u f a l l").

Zu beachten ist jedoch, daß die grundsätzliche Lösung in § 323 BGB an verschiedenen Stellen durch spezielle Regelungen eine Abweichung erfährt (so etwa bei den Gefahrtragungsregelungen des Kaufrechts §§ 446 ff.).

Neben den Fällen des Zufalls sind jedoch Situationen denkbar, bei denen die Unmöglichkeit infolge eines Umstandes eintritt, den einer der Vertragspartner zu vertreten hat. Es sind daher noch drei weitere Fälle zu unterscheiden:

b) Der Schuldner hat zu vertreten

Hat der Schuldner die Unmöglichkeit zu vertreten, dann kann der Gläubiger entweder Schadenersatz verlangen oder vom Vertrag zurücktreten (§ 325 BGB).

c) Der Gläubiger hat zu vertreten

Hat der Gläubiger die Unmöglichkeit zu vertreten, dann behält nach § 324 Abs. 1 BGB der andere Teil den Anspruch auf die Gegenleistung.

Beispiel:

> Der Käufer (Gläubiger) eines Kaffeeservices vereinbart mit dem Verkäufer (Schuldner), daß ihm das Service zu einem bestimmten Zeitpunkt an der Haustür abgeliefert wird (Bringschuld). Als der Schuldner erscheint, kommt er zu Fall, weil der Zugang zum Haus des Käufers nicht verkehrssicher war. Das Service geht zu Bruch.

d) Der Annahmeverzug des Gläubigers

Denkbar ist noch ein letzter Fall: Es kann sein, daß Unmöglichkeit infolge eines Umstandes eintritt, den beide Vertragspartner nicht zu vertreten haben, aber zu einer Zeit, zu der der Gläubiger in Annahmeverzug war. In diesem Fall wäre es ungerecht, dem anderen Teil den Anspruch auf die Gegenleistung zu versagen, denn hätte er ordnungsgemäß leisten können, wäre die Gefahr mittlerweile bereits übergegangen und der Anspruch auf die Gegenleistung hätte somit auch bestanden.

Beispiel:

> Der Verkäufer trifft zum vereinbarten Termin den Käufer nicht an und stellt das Service vor der Haustür ab. Jetzt wird es von bösen Buben gestohlen.

3. Schuldnerverzug im gegenseitigen Vertrag

Ist bei einem gegenseitigen Vertrag der eine Teil mit der ihm obliegenden Leistung im Verzuge, so ist folgendes zu beachten: Nach § 326 BGB muß dann der Gläubiger eine angemessene Frist setzen mit der Erklärung, daß er die Annahme der Leistung nach Ablauf der Frist ablehne.

Nach Ablauf der Frist hat der Gläubiger zwei Möglichkeiten. Er kann entweder Schadenersatz wegen Nichterfüllung verlangen oder von dem Vertrag zurücktreten. Der Anspruch auf Erfüllung ist dann allerdings ausgeschlossen.

In bestimmten Fällen bedarf es einer Fristsetzung nicht, insbesondere wenn der Schuldner bereits definitiv erklärt hat, er werde die Leistung nicht erbringen. Hier wäre ein weiteres Abwarten des Gläubigers sinnlos.

VI. Vorvertragliche Schuldverhältnisse

Das Gesetz kennt nur die Unterscheidung zwischen gesetzlichen und rechtsgeschäftlichen Schuldverhältnissen. Eine dritte Kategorie ist im Grunde auch nicht denkbar. Denn entweder es wurde zwischen den Parteien eine Abrede wirksam geschlossen, dann liegt damit zugleich ein rechtsgeschäftliches Schuldverhältnis vor oder eine derartige Abrede fehlt, dann befinden sich die Parteien noch in der „unverbindlichen", jedenfalls nur durch das Gesetz geregelten Sphäre, also allenfalls im Rahmen eines gesetzlichen Schuldverhältnisses. Die Rechtsprechung hat jedoch eine dritte Kategorie herausgebildet, die mit dem Stichwort „vorvertragliche Schuldverhältnisse" gekennzeichnet werden kann. Maßgebliche Überlegung war, daß innerhalb der Reichweite des gesetzlichen Schuldverhältnisses eine unterschiedliche Intensität der Beziehungen zwischen Gläubiger und Schuldner bestehen.

Beispiel:

> Ein Passant, der zufällig an einem Kaufhaus vorbeigeht, steht mit dem Inhaber des Kaufhauses in einer weniger intensiven Rechtsbeziehung als etwa der Besucher, der in Kaufabsicht eine Abteilung des Kaufhauses betritt. Diesem gegenüber ist bereits ein „Mehr" an Schutz geboten als einem beliebigen Fußgänger, der zufälligerweise des Weges kommt.

Der unbefangene Betrachter wird unwillkürlich fragen, warum eine derartige Differenzierung notwendig wird. Denn eine klare Analyse wird eben zu dem Ergebnis kommen, daß bei Vorliegen eines gesetzlichen Schuldverhältnisses die dort gegebenen Ansprüche, bei Vorliegen eines vertraglichen Schuldverhältnisses dagegen die aus der vertraglichen Verpflichtung folgenden Ansprüche gegeben sind.

Kommt ein Passant vor dem Kaufhaus zu Fall oder wird der bereits an den Warentischen entlang gehende potentielle Kunde verletzt, so haben beide ein Ziel, nämlich die Geltendmachung eines Schadenersatzanspruches. Das gleiche gilt für den Kunden, der bereits einen Vertrag abgeschlossen hat und erst nach Vertragsabschluß im Kaufhaus einen Schaden erleidet. (Klassischer Fall: Der Kunde stürzt infolge eines Defektes der Rolltreppe). Obwohl sich somit das Begehren der drei Geschädigten auf dasselbe, nämlich Ersatz des erlittenen Schadens richtet, ist möglicherweise die Realisierung dieses Schadenersatzanspruches für die Beteiligten von unterschiedlichem Erfolg.

Das hängt damit zusammen, daß das bürgerliche Recht den vertraglichen Schadenersatzanspruch in bestimmten Fällen besser stellt als den gesetzlichen. Ist der Schaden nämlich nicht vom Schuldner selbst (Inhaber des Handelsgeschäftes) verursacht, vielmehr von dessen Angestellten schuldhaft herbeigeführt, so kann sich im Falle eines gesetzlichen Schadenersatzanspruches der Inhaber befreien („exkulpieren"), womit der Schadenersatzanspruch gegen den (finanziell bessergestellten) Geschäftsherrn entfällt, wohingegen im

Falle eines vertraglichen Schadenersatzanspruches der Vertragspartner sich das Verschulden seiner Angestellten (das Gesetz spricht von „Erfüllungsgehilfen") wie eigenes Verschulden anrechnen lassen muß.

Diese Unterscheidung ist ein zentrales Problem des bürgerlichen Rechts. Sie macht deutlich, daß der vertragliche Schadenersatzanspruch besser gestellt ist. Sie erklärt deshalb auch, weshalb man in vielen Fällen bemüht war, im Interesse des Geschädigten bereits einen „vertragsähnlichen Zustand" anzunehmen, um damit die Grundsätze des vertraglichen Schadenersatzanspruches auch auf diese, genau genommen noch im gesetzlichen Pflichtenbereich liegenden Fälle zu übertragen.

Aus diesen Motiven wurde die Lehre von den „vorvertraglichen Schuldverhältnissen" begründet. Sie basiert auf der Annahme, daß schon vor Abschluß eines Vertrages zwischen den zukünftigen Vertragspartnern eine intensive Rechtsbeziehung besteht, kraft derer die Vertragsbeteiligten einander schon über das gesetzliche Maß hinausgehende Pflichten schulden. Werden diese Pflichten verletzt, so spricht man von einem **„Verschulden beim Vertragsabschluß"** (auch gekennzeichnet durch die lateinische Ausdrucksweise: **„culpa in contrahendo")**. Das Verschulden beim Vertragsabschluß begründet dann einen Schadenersatzanspruch aus „culpa in contrahendo", der in seiner Behandlung weitgehend einem vertraglichen Schadenersatzanspruch gleichgestellt wird.

Beispiel:

Im Kaufhaus wird die Käuferin, bevor es zum Abschluß eines Vertrages kommt, durch eine herabstürzende Rolle Bodenbelag verletzt oder ein Kunde kommt durch einen Defekt des Fahrstuhls zu Schaden. Hier kommen jeweils Schadenersatzansprüche aus Verschulden beim Vertragsabschluß in Betracht.

Fragen:

12. Welche Arten der Leistungsstörungen gibt es?
13. Welche Fälle der Unmöglichkeit können Sie nennen?
14. Welche Rechtsfolgen treten bei anfänglicher Unmöglichkeit ein?
15. Welche Rechtsfolgen treten bei nachträglicher Unmöglichkeit ein?
16. Was ist die Voraussetzung für den Verzug des Schuldners?
17. Welcher Gedanke liegt der positiven Vertragsverletzung zugrunde?
18. Welche Folgen hat es im gegenseitigen Vertrag auf die Gegenleistung, wenn einem Teil die Leistung unverschuldet unmöglich wird?

E. Der Umfang des Schadenersatzes

I. Die gesetzliche Systematik

Das Gesetz kennt Schadenersatzansprüche aus verschiedenen Gründen: aus Gesetz und aus Vertragsverletzungen.

Von Schadenersatzansprüchen aus Gesetz spricht man, wenn das Gesetz selbst eine Rechtsnorm geschaffen hat, bei deren Tatbestandsverwirklichung als Rechtsfolge die Pflicht zum Schadenersatz folgt.

Dies ist insbesondere im Abschnitt **„Unerlaubte Handlungen"** in den §§ 823 ff. BGB geschehen. Dort bestimmt das Gesetz, unter welchen Voraussetzungen jemand Schadenersatz verlangen kann.

Daneben besteht der Bereich der vertraglichen Schadenersatzansprüche. Gemeinsam ist ihm, daß es sich hierbei um die Verletzung vertraglich begründeter Pflichten handelt, die gleichwohl im einzelnen sehr unterschiedlich ausgestaltet sein können. Wir haben sie oben kennengelernt unter dem Stichwort der „Leistungsstörungen" und dabei gesehen, daß die einzelnen Fälle an verstreuten Stellen (zum Teil, wie bei der positiven Vertragsverletzung, überhaupt nicht) im Gesetz geregelt sind. Damit ist zunächst nur gesagt, ob ein Schadenersatzanspruch geltend gemacht werden kann. Nicht beantwortet ist damit bereits die Frage, wie und auf welche Höhe er lautet. Dies ist eine Frage, die sich nach dem Umfang des Schadenersatzanspruches richtet.

II. Der Grundsatz der Naturalrestitution

Nach § 249 BGB hat der zum Schadenersatz Verpflichtete den Zustand herzustellen, der bestehen würde, wenn das schädigende Ereignis nicht eingetreten wäre. Damit ist der Grundsatz der „Naturalrestitution" umschrieben.

III. Schadenersatz in Geld

Häufig ist Schadenersatz in Form der Naturalrestitution mit Schwierigkeiten verbunden. Das Gesetz nimmt dies zur Kenntnis, indem es nach §§ 249 S. 2 250, 251 BGB folgendes bestimmt: Der Gläubiger kann dem Ersatzpflichtigen zur Herstellung eine angemessene Frist setzen mit der Bestimmung, daß er nach dem Ablauf der Frist die Wiederherstellung des ursprünglichen Zustandes ablehne. Läßt der Schuldner die Frist verstreichen, dann kann der Gläubiger Schadenersatz in Geld verlangen, wobei dann allerdings der Anspruch auf die Naturalrestitution ausgeschlossen ist.

Soweit die Herstellung nicht möglich oder zur Entschädigung des Gläubigers nicht genügend ist, hat der Ersatzpflichtige von vornherein den Gläubiger in Geld zu entschädigen. Dies gilt auch, wenn die Herstellung nur mit unverhältnismäßigem Aufwand möglich wäre.

IV. Der Ersatz des entgangenen Gewinns

§ 252 BGB stellt klar, daß der zu ersetzende Schaden auch den „entgangenen Gewinn" umfaßt. Was darunter zu verstehen ist, besagt § 252 S. 2 BGB:

> *Als entgangen gilt der Gewinn, welcher nach dem gewöhnlichen Lauf der Dinge oder nach den besonderen Umständen, insbesondere nach den getroffenen Anstalten und Vorkehrungen, mit Wahrscheinlichkeit erwartet werden konnte.*

Es handelt sich also um eine Wahrscheinlichkeitsprognose, die notfalls im Rechtsstreit unter Heranziehung von Sachverständigen zu schätzen wäre, sofern der Geschädigte nicht konkret (etwa durch Hinweis auf bereits abgeschlossene Folgegeschäfte) seinen Schaden beziffern kann.

V. Berücksichtigung eines etwaigen Mitverschuldens

Das Gesetz kann nicht außer acht lassen, daß bei vielen Schadensfällen nicht nur der Schädiger, sondern auch der Geschädigte selbst Umstände herbeigeführt hat, die zur Entstehung des Schadens geführt haben. Ist dem so, dann spricht man vom „Mitverschulden", das zu einer Herabsetzung des Schadenersatzanspruches führt (§ 254 BGB).

Beispiel:

> Der Geschädigte hat durch Nachlässigkeit den Zufall herbeigeführt oder eine Begrenzung des Schadens verhindert.

VI. Anspruch auf Schmerzensgeld

Nach § 847 BGB kann der Geschädigte auch Schmerzensgeld verlangen. Voraussetzung dieses Anspruches ist nach § 847 BGB eine Verletzung des Körpers oder der Gesundheit oder eine Freiheitsentziehung.

Beispiel:

> Es wird jemand bei einem Verkehrsunfall schwer verletzt. Er kann dann neben den Arzt- und Krankenhauskosten auch einen Betrag als Schmerzensgeld verlangen.

Das Besondere am Schmerzensgeldanspruch liegt darin, daß es sich hier um einen Nicht-Vermögensschaden handelt. Der Geschädigte erleidet keine Einbuße an seinem „Hab und Gut". Es ist nun sehr wichtig zu wissen, daß im Bürgerlichen Gesetzbuch ein Geldanspruch wegen eines solchen Schadens (man nennt ihn auch **„immateriellen" Schaden**) grundsätzlich nicht, d. h. **nur in Ausnahmefällen,** verlangt werden kann. Ein derartiger Ausnahmefall ist der Schmerzensgeldanspruch. Am häufigsten kommt er bei Verkehrsunfällen vor, daneben spielen aber auch die Schmerzensgelder bei der Persönlichkeitsverletzung im geschäftlichen und politischen Bereich zunehmend eine Rolle.

Beispiel:

> Ein Industrieller ist aktiver Turnierreiter. Er wird fotografiert, wie er mit dem Pferd über eine Hürde setzt. Dieses Bild benutzt eine Arzneimittelfirma ungefragt bei der Werbung für Potenzstärkungsmittel. Hier ist der „Herrenreiter" in seinem Persönlichkeitsrecht verletzt, sein Schaden ist immaterieller Art (Blamage und Gerede, er benutze Potenzstärkungsmittel). Die Rechtsprechung hat auch hier einen Schmerzensgeldanspruch zugebilligt.

Zu beachten ist schließlich, daß der Schmerzensgeldanspruch **nur beim Schadenersatz aus unerlaubter Handlung** eingreift, also dann, wenn einer der in §§ 823 ff. BGB genannten Tatbestände zutrifft. Nicht jedoch kann Schmerzensgeld verlangt werden bei bloßen Vertragsverletzungen.

F. Erlöschen des Schuldverhältnisses

Lernziel:

Nach Durcharbeitung dieses Abschnitts müssen Sie die Voraussetzungen der Erfüllung, der Hinterlegung, des Erlaßvertrages und vor allem der Aufrechnung kennen.

Wir haben oben gesehen, daß mit dem Entstehen des Schuldverhältnisses Rechte und Pflichten begründet werden. Kommt der Schuldner seinen Verpflichtungen nach, leistet er das „seinerseits Erforderliche", dann ist der Zweck des Schuldverhältnisses erfüllt, es wird beendigt, es erlischt. Neben diesem Fall der Erfüllung sind weitere Möglichkeiten von Erlöschenstatbeständen denkbar (Aufrechnung, Erlaß, Hinterlegung).

I. Erfüllung

Die Erfüllung ist „der natürliche Tod des Schuldverhältnisses". Durch die Erfüllung bewirkt der Schuldner die geforderte Leistung. Dadurch erlischt nach § 362 Abs. 1 BGB das Schuldverhältnis.

Beispiel:

Der Verkäufer übergibt und übereignet die Ware, der Käufer zahlt.

Die Erfüllung ist also nichts anderes als „die Bewirkung der versprochenen Leistung". Wie diese Bewirkung zu erfolgen hat, ergibt sich jeweils aus dem einzelnen Vertrag.

II. Erfüllungssurrogate

Neben der Erfüllung gibt es weitere Möglichkeiten, um ein Schuldverhältnis zum Erlöschen zu bringen. Diese ersatzweise in Betracht kommenden Tatbestände nennt man Erfüllungssurrogate (Erfüllungsersetzungen). Es sind dies vor allem die Hinterlegung, der Erlaß und die Aufrechnung.

1. Die Hinterlegung

a) Wann kann hinterlegt werden?

Es kann vorkommen, daß der Schuldner zwar zur Leistung bereit ist, die Leistung jedoch infolge von Umständen, die in der Gläubigersphäre liegen, nicht erbringen kann. Hier kann dennoch der Schuldner in zwei Fällen das Schuldverhältnis durch Hinterlegung zum Erlöschen bringen:

- wenn der Gläubiger im Verzug mit der Annahme ist,
- wenn der Schuldner auf Grund eines anderen, in der Person des Gläubigers liegenden Grundes oder wegen der Ungewißheit über die Person des Gläubigers seine Verbindlichkeit nicht erbringen kann.

Beispiele:

Der Gläubiger weigert sich, eine Zahlung anzunehmen; es streiten sich mehrere Gläubiger über die Berechtigung, vom Schuldner die Zahlung zu verlangen. Würde der Schuldner dann an einen Gläubiger leisten, dessen Nichtberechtigung später festgestellt wird, so liefe er Gefahr, noch einmal, nunmehr an den richtigen Gläubiger, leisten zu müssen.

b) Wo kann hinterlegt werden?

Nach § 374 BGB erfolgt die Hinterlegung nach näherer Maßgabe der Hinterlegungsverordnung vom 10. 3. 1937 durch Deponierung der geschuldeten Leistung bei der Hinterlegungsstelle des Leistungsortes, also dem Amtsgericht des Erfüllungsortes.

c) Was kann hinterlegt werden?

Es leuchtet ein, daß die Hinterlegung nicht bei allen geschuldeten Leistungen möglich ist, deshalb beschränkt § 372 BGB die Hinterlegungsfähigkeit auf Geld, Wertpapiere und sonstige Urkunden sowie Kostbarkeiten. Nicht hinterlegungsfähig sind sonstige Gebrauchsgegenstände und andere Waren.

Erweist sich die geschuldete bewegliche Sache als zur Hinterlegung nicht geeignet, so kann sie der Schuldner im Fall des Gläubigerverzugs versteigern lassen und den erzielten Erlös gleichfalls hinterlegen (§ 393 BGB).

2. Der Erlaß

Das Schuldverhältnis erlischt weiter, wenn der Gläubiger dem Schuldner seine Verpflichtungen erläßt. Hierzu bedarf es nach § 397 BGB eines Vertrages zwischen Gläubiger und Schuldner. Damit ist klargestellt, daß der Schuldner sich gegen seinen Willen nichts „schenken lassen muß", ein allerdings im Wirtschaftsleben sicher nicht häufiger Fall.

3. Die Aufrechnung

a) Die Ausgangslage

Das Schuldverhältnis erlischt vor allem auch durch die Aufrechnung (§§ 387 ff. BGB). Das ist einleuchtend, wenn man sich folgende Situation vergegenwärtigt: Häufig stehen Gläubiger und Schuldner in gegenseitigen Lieferbeziehungen, aus denen wechselseitig Ansprüche und Verbindlichkeiten entstehen.

Wenn nun der Schuldner an den Gläubiger ebenfalls Forderungen stellen kann, so wäre es formalistisch und unökonomisch, die beiden Beziehungen zu trennen in dem Sinne, daß die eine Vertragspartei an die andere bezahlt und die andere wiederum an die eine. Hier greift die Möglichkeit der Aufrechnung durch: Durch Erklärung gegenüber dem anderen Teil erlischt die vom Gläubiger geltend gemachte Forderung.

b) Die Voraussetzungen der Aufrechnung

(aa) Das Prinzip der Gegenseitigkeit

Die Aufrechnung ist nur zulässig, wenn die zur Aufrechnung stehenden Forderungen sich beide im Rechtsverhältnis zwischen Schuldner und Gläubiger bzw. zwischen Gläubiger und Schuldner abspielen.

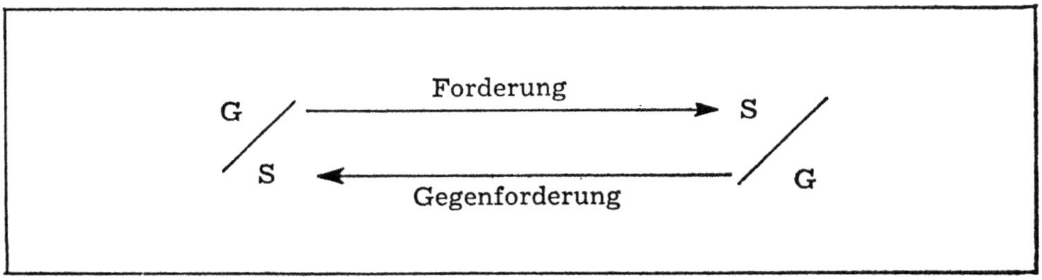

Nicht zulässig ist die Aufrechnung einer Forderung gegen einen Dritten.

(bb) Die Gleichartigkeit der Forderung

Die Aufrechnung ist nur zulässig, wenn die zur Aufrechnung stehenden Forderungen ihrem Gegenstande nach gleichartig sind. In der Regel wird es bei der Gleichartigkeit um Geldansprüche gehen.

Beispiel:

> Der Gläubiger verlangt von dem Schuldner 1000 DM; der Schuldner hat seinerseits einen Anspruch in Geld gegen den Gläubiger. Die Forderungen sind gleichartig. Er kann dann in Höhe seines Gegenanspruches die Aufrechnung erklären.

Nicht notwendig ist, daß die Forderungen sich in gleicher Höhe gegenüberstehen. Es kann auch eine Forderung gegen eine Forderung über einen größeren Betrag aufgerechnet werden. Dann erlischt die Forderung in der zur Aufrechnung gestellten Höhe.

(cc) Die Fälligkeit

Aufgerechnet werden kann nur mit einer Forderung, die ihrerseits fällig ist. Andernfalls würde der Schuldner mit der Aufrechnung eine vorzeitige Tilgung begehren.

Beispiel:

> Der Schuldner hat vereinbarungsgemäß am 1. Mai 1000 DM zu bezahlen; aus einem später abgeschlossenen Kaufvertrag muß der Gläubiger seinerseits 1000 DM bezahlen, jedoch erst am 30. Mai. Wenn der Gläubiger am 1. Mai seine Forderung geltend macht, kann der Schuldner mangels Fälligkeit nicht mit der Gegenforderung aufrechnen, auch wenn diese Forderung ansonsten unstreitig ist.

(dd) Zulässigkeit der Aufrechnung

Die Aufrechnung muß zulässig sein. Das ist ausnahmsweise zu verneinen, wenn die Parteien ein Aufrechnungsverbot vereinbaren, oder wenn das Gesetz ein solches Verbot kennt.

Im Rahmen der Vertragsfreiheit können Gläubiger und Schuldner bei Begründung des Schuldverhältnisses auch bestimmen, daß die Leistung nur durch die ordentliche Erfüllung zu bewirken ist, die Aufrechnung dagegen ausgeschlossen sein soll.

Das Gesetz verbietet die Aufrechnung im § 393 BGB: Gegen eine Forderung aus einer vorsätzlich begangenen unerlaubten Handlung ist die Aufrechnung nicht zulässig.

Beispiel:

> Ein Gläubiger hat von einem hartnäckigen Schuldner noch 500 DM zu bekommen. Als dieser trotz wiederholter Zahlungsaufforderungen immer noch nicht leistet, entschließt sich der Gläubiger zur Selbstjustiz und schlägt dem Schuldner sämtliche Schaufenster ein mit der inneren Befriedigung, „nun sei man quitt". Hier hat der Gläubiger eine zum Schadenersatz verpflichtende unerlaubte Handlung begangen. Wenn der Schuldner nun diesen Schadenersatzanspruch geltend macht, kann der Gläubiger nicht mit der vorher erwähnten Kaufpreisforderung aufrechnen.

Vermerk: Erlaubt wäre dagegen die Aufrechnung **mit** einer Schadenersatzforderung aus unerlaubter Handlung. Wenn also umgekehrt der Schuldner zunächst die Schaufenster eingeschlagen hätte und der Gläubiger auf Grund einer vom Schuldner erhaltenen Lieferung noch Außenstände hätte, dann könnte wohl der Gläubiger mit dem Schadenersatzanspruch aufrechnen.

(ee) Die Einredefreiheit

Nach § 390 BGB kann schließlich eine Forderung nicht aufgerechnet werden, der eine Einrede entgegensteht. Damit steht fest, daß die Forderung auch nicht einklagbar wäre. Hiervon gibt es nur eine Ausnahme gem. § 390 S. 2 BGB: Die Verjährung schließt die Aufrechnung nicht aus, wenn die verjährte Forderung zu der Zeit, zu welcher sie gegen die andere Forderung aufgerechnet werden konnte, noch nicht verjährt war.

Beispiel:

Forderung entstanden 1. 5. 1976.

Gegenforderung entstanden (Kaufpreisforderung, angenommen zwei Jahre Verjährungsfrist) 1. 4. 1974. Beginn der Verjährungsfrist: 1. 1. 1975.

Verjährung der Gegenforderung: 31. 12. 1976.

Geltendmachung der Forderung: 1. 10. 1977. Die Gegenforderung ist zwar bereits verjährt, sie stand jedoch der Forderung in nicht verjährter Zeit aufrechenbar gegenüber. Aufrechnung also gleichwohl zulässig.

Fragen:

19. Durch welche Tatbestände erlischt ein Schuldverhältnis?
20. Wann kann man hinterlegen?
21. Ist der Erlaß eine einseitige oder eine zweiseitige Angelegenheit?
22. Kann ein Geldanspruch gegen einen Anspruch auf Lieferung einer Maschine aufgerechnet werden?

G. Wechsel auf der Gläubigerseite im Schuldverhältnis (Zession)

Lernziel:

> Nach Durcharbeitung des nachfolgenden Abschnittes müssen Sie wissen, unter welchen Voraussetzungen die Forderung eines Gläubigers an einen neuen Gläubiger abgetreten werden kann. Vor allem müssen Sie sagen können, wie die Rechtsordnung den Schuldner im Fall der Forderungsabtretung schützt.

I. Abtretungsvertrag zwischen Altgläubiger und Neugläubiger

Forderungen und Rechte sind in aller Regel übertragbar (nur in wenigen Fällen hat das Gesetz Ausnahmen eingeführt). Hier fragt sich zuerst, **wie** eine Forderung, die einem Gläubiger zusteht, auf einen anderen Gläubiger übertragen werden kann. Die Antwort gibt § 398 BGB: Es ist lediglich ein Vertrag zwischen dem bisherigen Gläubiger und dem neuen Gläubiger erforderlich. Mit dem Abschluß dieses Vertrags (der Zession) tritt der neue Gläubiger an die Stelle des bisherigen Gläubigers. D. h. insbesondere, einer Zustimmung des Schuldners bedarf es nicht.

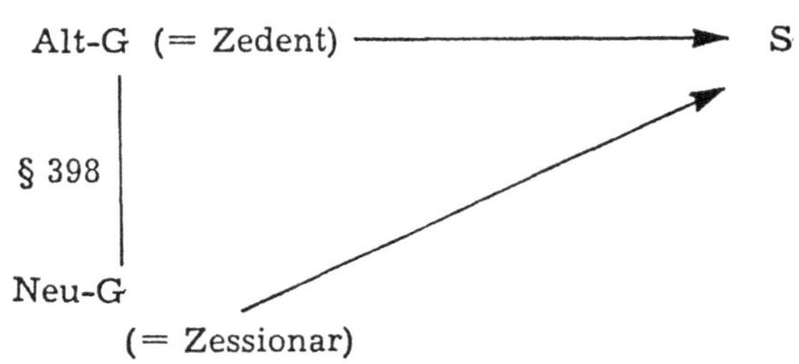

II. Rechtsstellung des Schuldners

Da der Schuldner an der Zession nicht beteiligt ist, darf ihm aus diesen Veränderungen kein Nachteil erwachsen. Wenigstens darf ihm kein **rechtlicher** Nachteil erwachsen. In **faktischer** Hinsicht kann die Zession sehr wohl zu einer Schlechterstellung führen, da möglicherweise der neue Gläubiger nicht mehr so kulant ist wie der alte Gläubiger.

1. Fälle des Abtretungsverbotes

a) Kraft Vertrages

Will der Schuldner ganz sicher sein, daß ihm nicht eines Tages ein „aggressiver“ Gläubiger gegenübertritt, dann müßte er bei der Begründung des Schuldverhältnisses mit dem Gläubiger zugleich ein Abtretungsverbot vereinbaren. Nach § 399 BGB ist es zulässig, den Ausschluß der Abtretung vertraglich festzulegen. Auf diese Weise sichert sich der Schuldner möglicherweise vor unliebsamen Überraschungen. Auf der anderen Seite verliert der Gläubiger die Flexibilität seiner Forderung.

b) Kraft Gesetzes

Die Abtretung ist ausgeschlossen für Forderungen, soweit sie der Pfändung nicht unterworfen sind (§ 400 BGB).

2. Die Schuldnerschutzvorschriften

Wenn der Schuldner schon nicht bei der Zession mitwirkt, so muß ihm doch wenigstens die gleiche rechtliche Position erhalten bleiben.

a) Erhalt von Einwendungen

Der Schuldner kann dem neuen Gläubiger die Einwendungen entgegensetzen, die zur Zeit der Abtretung der Forderung gegen den bisherigen Gläubiger begründet waren (§ 404 BGB).

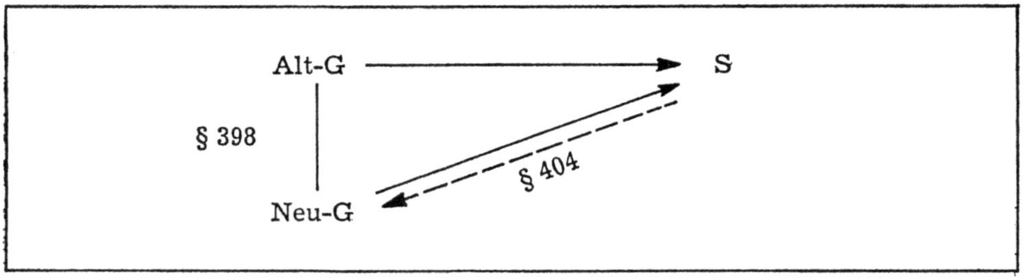

Beispiel:

> Hatte der alte Gläubiger dem Schuldner die Forderung gestundet, so kann der Schuldner sich auch dem neuen Gläubiger gegenüber auf die Stundung berufen.

b) Befreiende Leistung in Unkenntnis der Abtretung

Da der Schuldner von der Abtretung möglicherweise nichts erfährt, kann es vorkommen, daß er noch an den alten Gläubiger bezahlt. Hier schützt ihn

§ 407 BGB, wenn er gutgläubig war, d. h. von der Abtretung keine Kenntnis hatte. Der neue Gläubiger muß also die Leistung des Schuldners an den alten Gläubiger anerkennen, er kann nicht noch einmal Zahlung vom Schuldner verlangen. Vielmehr muß er dann beim alten Gläubiger Regreß nehmen (§ 816 Abs. 2 BGB).

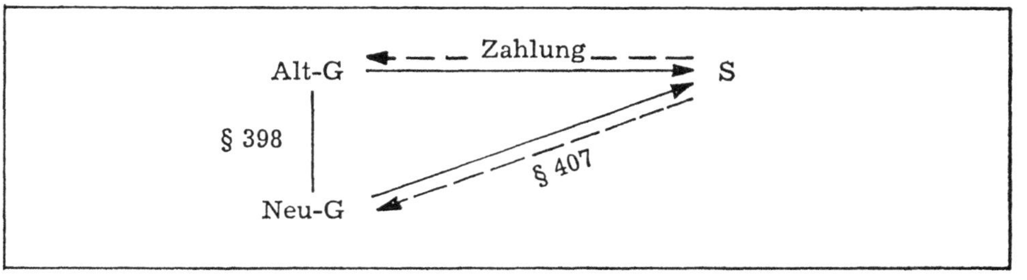

c) Die Legitimationspflicht des Gläubigers

Der Schuldner ist schließlich dadurch geschützt, daß er nach § 410 BGB dem neuen Gläubiger gegenüber zur Leistung nur gegen Aushändigung einer von dem bisherigen Gläubiger über die Abtretung ausgestellten Urkunde verpflichtet ist.

d) Folgerungen in der Praxis

Um all den Ungewißheiten aus dem Wege zu gehen, empfiehlt sich in der Praxis wie folgt vorzugehen: Der neue Gläubiger sollte die Abtretung unverzüglich dem Schuldner mitteilen, da sonst die Gefahr einer Zahlung an den alten Gläubiger besteht. Das kann freilich in den Fällen der stillen Zession nicht erfolgen, da hier ja gerade die Abtretung geheim gehalten werden soll. Außerdem sollte sich der neue Gläubiger die Abtretung der Forderung bescheinigen lassen, damit er diese Urkunde dem Schuldner präsentieren kann und sich dieser nicht auf § 410 beruft.

3. Der Übergang von Sicherungsrechten

Häufig bestehen für eine Forderung Sicherungsrechte, wie Hypotheken, Pfandrechte, Bürgschaften. Die Frage ist, ob derartige Nebenrechte mit auf den neuen Gläubiger übergehen, wenn diesem die Forderung abgetreten wird. Diese Frage wird von § 401 BGB bejaht. Wenn beispielsweise eine Forderung abgetreten wird, für die eine Bürgschaft bestellt war, dann kann der neue Gläubiger genauso gegen den Bürgen vorgehen, wie dies der alte Gläubiger hätte tun können.

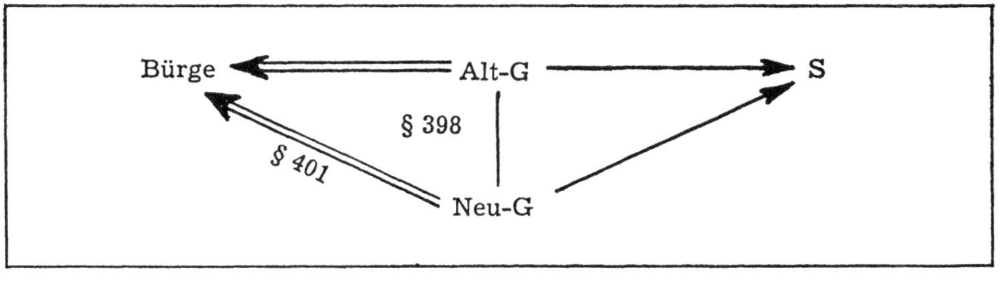

Dies mag zwar auf den ersten Blick verblüffen, wird jedoch dann verständlich, wenn man berücksichtigt, daß der Bürge sich ja für den Schuldner verbürgt hat und deshalb die Person des Gläubigers zweitrangig ist.

4. Das Factoring

Der Abtretung einer Forderung liegt ein bestimmtes Vertragsverhältnis zugrunde. Man kann eine Forderung verschenken, man kann sie aber auch verkaufen. Der An- und Verkauf von Forderungen spielt im Wirtschaftsleben eine nicht unerhebliche Rolle im Bereich des „Factoring-Geschäfts".

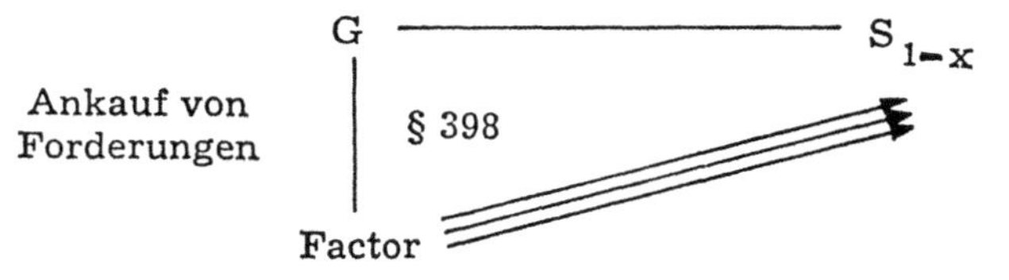

Der Factor kauft die Außenstände eines Betriebes auf und treibt die Forderungen ein. Dabei wird ein prozentualer Abschlag vom Forderungsbetrag vorgenommen im Hinblick auf Unkosten, Verdienstspanne und vor allem unter Berücksichtigung eines etwaigen Bonitätsabschlags. Für das Unternehmen, das seine Forderungen dem Factor abtritt, ergeben sich erhebliche Kosteneinsparungen (es erübrigt sich die eigene Mahn- und Beitreibungsorganisation) und außerdem besteht die Garantie eines regelmäßigen Zahlungseinganges und damit eine kalkulierbare Liquidität des Betriebes.

Fragen:

23. Ist zur Abtretung einer Forderung die Zustimmung des Schuldners erforderlich?
24. Gibt es Fälle, in denen eine Forderung nicht abgetreten werden darf?
25. Wie schützt das Gesetz den Schuldner vor einer Benachteiligung im Falle der Zession?
26. Geht mit der Abtretung einer Forderung auch die für sie bestimmte Sicherheit mit über?
27. Was versteht man unter Factoring?

H. Wechsel auf der Schuldnerseite (Schuldübernahme)

Lernziel:

Nach Durcharbeitung des nachfolgenden Abschnittes müssen Sie wissen, unter welchen Voraussetzungen die Schuld eines anderen übernommen werden kann. Außerdem sollten Sie die Voraussetzungen der beiden Spezialfälle, der Hypothekenübernahme und der Vermögensübernahme, beherrschen.

I. Verschiedene Arten der Schuldübernahme

Während es bei der Zession nicht einer Mitwirkung des Schuldners bedarf, leuchtet auf den ersten Blick ein, daß die Übernahme einer Schuld durch einen anderen Schuldner nicht ohne Beteiligung des Gläubigers geschehen kann. Ihm ist die Person des Schuldners nicht gleichgültig. Aus diesen Gründen kann eine bereits bestehende Schuld von einer anderen Person nur wie folgt übernommen werden:

1. Durch Vertrag des Neuschuldners mit dem Gläubiger (§ 414 BGB) oder
2. durch Vertrag des Neuschuldners mit dem Altschuldner, aber zusätzlich mit Genehmigung des Gläubigers (§ 415 BGB).

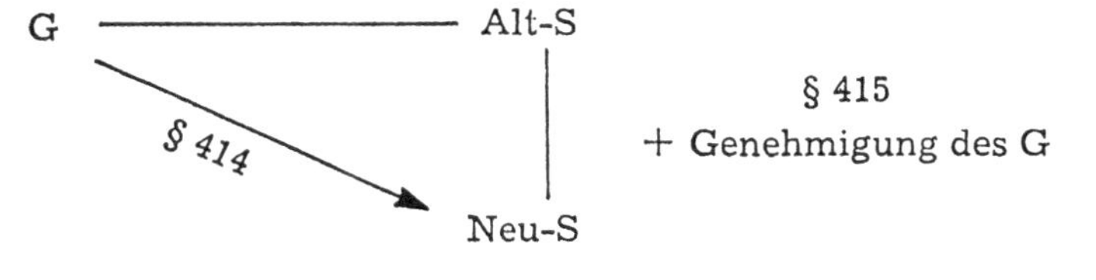

II. Rechtsstellung des Schuldners nach der Schuldübernahme

Gemäß § 417 kann der Übernehmer dem Gläubiger die Einwendungen entgegensetzen, welche sich aus dem Rechtsverhältnis zwischen dem Gläubiger und dem bisherigen Schuldner ergeben.

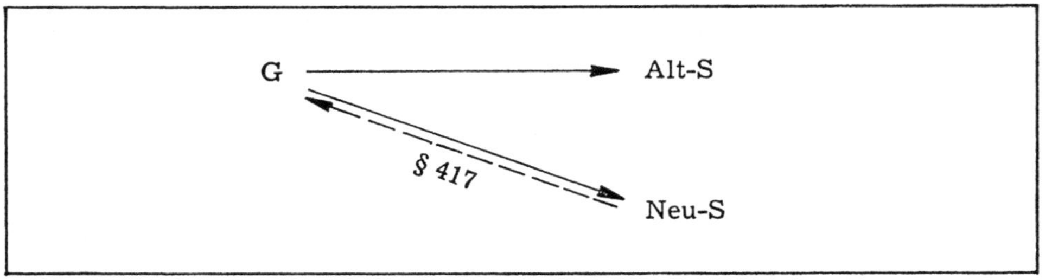

III. Das Erlöschen von Sicherungsrechten

Auch hier ergibt sich ein Unterschied zur Zession: Infolge der Schuldübernahme erlöschen die für die Forderung bestellten Bürgschaften und dgl. (vgl. das Nähere in § 418 BGB). Das ist auch einleuchtend, da der Bürge nur für den jeweiligen individuellen Schuldner, nicht aber auch für einen späteren, beliebigen Schuldner einstehen möchte.

IV. Die Hypothekenübernahme

Ein täglicher Fall aus der Bankpraxis: Häufig werden Grundstücke verkauft, für die bereits Grundpfandrechte (etwa eine Hypothek) bestellt wurden. Hier übernimmt der Käufer in aller Regel das bestehende Grundpfandrecht unter Anrechnung auf den Kaufpreis.

Beispiel:

Das Grundstück ist 300 000 DM wert, jedoch mit einer Hypothek in Höhe von 50 000 DM belastet. Dann bezahlt der Käufer lediglich 250 000 DM und tritt in die Verbindlichkeiten gegenüber der Bank ein.

Rechtlich sieht diese Situation wie folgt aus: Die Hypothek lastet auf dem Grundstück, durch die Veräußerung ändert sich insofern nichts. Hinsichtlich des gewährten Darlehens muß jedoch, da es sich insofern um eine Schuldübernahme handelt, der Gläubiger (also die Bank) zustimmen.

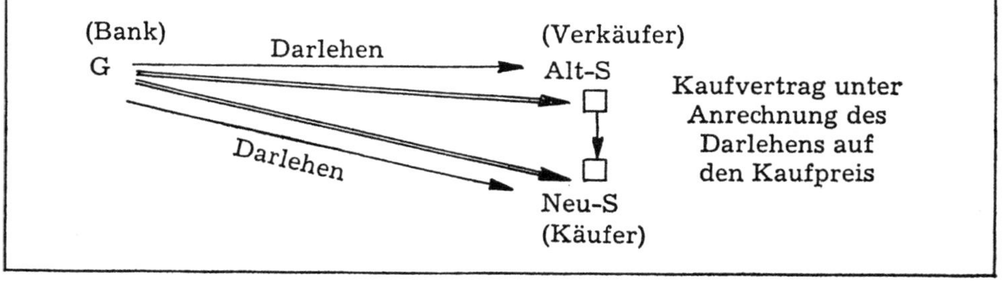

Aus Vereinfachungsgründen bestimmt § 416 BGB, daß der Veräußerer des Grundstücks dem Gläubiger die Schuldübernahme mitteilt. Nach Ablauf von 6 Monaten seit Empfang dieser Mitteilung gilt dann die Genehmigung als erteilt (also eine Ausnahme von dem Grundsatz, daß Schweigen im Rechtsverkehr sonst Ablehnung bedeutet).

V. Die Vermögensübernahme

Übernimmt jemand einzelne Vermögensgegenstände, so hat dies grundsätzlich nicht zur Folge, daß damit etwa anteilsmäßig auch die Verbindlichkeiten übernommen werden. Im Falle der Übernahme des „gesamten Vermögens" wäre es jedoch unbillig, wenn man die auf diesem Vermögen lastenden Verbindlichkeiten beim Veräußerer beließe und damit dessen Gläubiger das gesamte Potential für einen etwaigen Zwangsvollstreckungszugriff entzogen wäre. Aus diesem Grunde bestimmt § 419 BGB, daß beim Erwerb des gesamten Vermögens, unbeschadet der Fortdauer der Haftung des bisherigen Schuldners, die Gläubiger vom Abschluß des Vertrages an ihre zu dieser Zeit bestehenden Ansprüche auch gegenüber dem Übernehmer geltend machen können. Diese Haftung ist allerdings beschränkt auf den Bestand des übernommenen Vermögens.

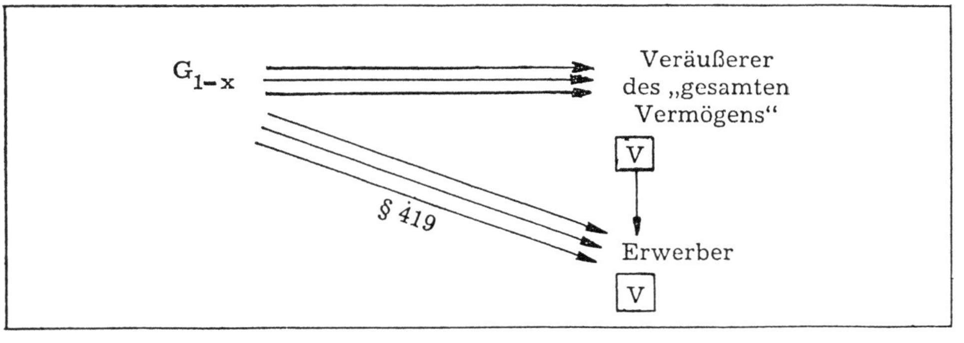

Zu beachten ist jedoch, daß die Rechtsprechung diesen Grundsatz ausgedehnt hat auch auf den Fall der Übernahme eines e i n z e l n e n Gegenstandes, wenn dieser praktisch das gesamte Vermögen ausmacht.

Beispiel:

Privatmann P besitzt außer einem lukrativen Bauplatz kein nennenswertes Vermögen. Wenn er diesen Bauplatz veräußert, können seine bisherigen Gläubiger sich an den Erwerber halten.

Die Rechtsprechung schränkt dies jedoch wieder ein: Die Haftung besteht dann nicht, wenn der Erwerber nicht wußte, daß es sich bei dem veräußerten Einzelgegenstand nahezu um das gesamte Vermögen gehandelt hat. Die Notariatspraxis nimmt deshalb in Grundstücksverträgen jeweils die Formel auf: „Ich versichere, daß ich noch weiteres (nennenswertes) Vermögen besitze.“

Fragen:

28. Ist es möglich, die Schuld eines anderen ohne die Zustimmung des Gläubigers zu übernehmen?
29. Welche Besonderheit nennt das Gesetz, wenn eine Schuld übernommen wird, zu deren Sicherheit ein Grundpfandrecht bestellt wurde?
30. Ist es gefährlich, das gesamte Vermögen eines anderen zu übernehmen?

Schuldrecht — Besonderer Teil

Im Besonderen Teil des Schuldrechts geht es um die Darstellung der einzelnen Vertragstypen. Das Gesetz bringt in den §§ 433 ff. Modellregelungen. Es ist hier von vornherein zu beachten, daß diese Vorschriften auf Grund der Vertragsfreiheit nahezu beliebig abgeändert werden können.

I. Kaufvertrag (§§ 433 ff. BGB)

Lernziel:

> Der Kaufvertrag ist der zahlenmäßig häufigste Vertragstypus des Schuldrechts. Nach Durcharbeitung des nachfolgenden Abschnittes müssen Sie die Rechte und Pflichten des Käufers und des Verkäufers kennen, insbesondere im Falle von Rechts- und Sachmängeln. Daneben werden die Sonderformen des Kaufs dargestellt.

I. Die Vertragspflichten im Kaufrecht

Der Abschluß eines Kaufvertrages begründet 2 Hauptpflichten:

1. Pflichten des Käufers

Der Käufer ist verpflichtet, den vereinbarten Kaufpreis zu zahlen und die gekaufte Sache abzunehmen (§ 433 Abs. 2 BGB).

2. Pflichten des Verkäufers

Hier unterscheidet das Gesetz danach, ob eine Sache oder ein Recht verkauft wurde.

Der Verkäufer einer Sache ist verpflichtet, diese zu übergeben und das Eigentum an ihr zu verschaffen.

Der Verkäufer eines Rechts ist verpflichtet, dem Käufer das Recht zu verschaffen und, wenn das Recht zum Besitz einer Sache berechtigt, die Sache zu übergeben.

Mit Abschluß des Kaufvertrages also wird der Käufer nicht schon Eigentümer der Sache bzw. Inhaber des Rechts. Der Vertragsabschluß bringt vielmehr lediglich die Verpflichtung zur Übereignung bzw. Verschaffung des Rechts. Die Erfüllung dieser Verpflichtung erfolgt durch einen selbständigen Rechtsakt: Bei der Übereignung durch „Einigung und Übergabe" und bei der Verschaffung eines Rechts durch Abtretung dieses Rechts.

Genau genommen sind drei verschiedene Rechtsvorgänge beim Kauf zu unterscheiden:

- **der schuldrechtliche Vertrag:** der Kaufvertrag. Er begründet die Verpflichtung zur Übereignung und zur Bezahlung des Kaufpreises (§ 433 BGB);
- **der sachenrechtliche Vertrag:** durch ihn erfüllt der Verkäufer die ihm obliegende Verpflichtung, nämlich die Übertragung des Eigentums an dem Verkaufsgegenstand;
- **die „Übertragung des Geldes“:** auch hier wird das Eigentum an den Geldmünzen bzw. Geldscheinen übereignet.

In rechtlicher Hinsicht ist vor allen Dingen die Trennung zwischen dem schuldrechtlichen Geschäft, also dem Kaufvertrag, und dem sachenrechtlichen Geschäft, der Übereignung, zu beachten.

Schuldrecht

Verkäufer — Kaufvertrag = Verpflichtung / Übereignung = Erfüllung — Käufer

Sachenrecht

Die Trennung des schuldrechtlichen Verpflichtungsgeschäftes von der Erfüllungssphäre ist das Kennzeichen des sog. „Abstraktionsprinzips“:

Die Eigentumsübertragung bleibt auch dann bestehen, wenn der ihr zugrunde liegende schuldrechtliche Vertrag nichtig ist.

Dieser ungerechtfertigte Zustand wird durch die „Ungerechtfertigte Bereicherung“ (§ 812 BGB) rückgängig gemacht.

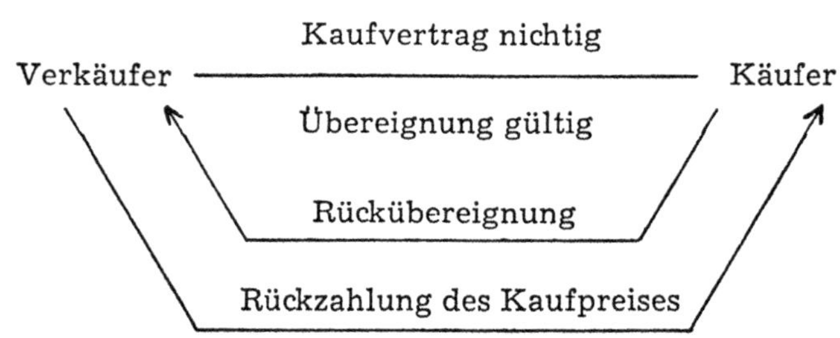

Beispiel:

> Käufer K kauft vom Verkäufer V einen Gebrauchtwagen. K hatte durch einen Blick auf den Tacho festgestellt, daß der Kilometerstand 40 000 km betrug. In Wirklichkeit aber war das Fahrzeug bereits 140 000 km gefahren worden. Verkäufer V wußte dies. Auf eine entsprechende Frage des K verneint er einen höheren als den auf dem Tacho angegebenen Kilometerstand. Daraufhin entschließt sich K das Auto zu kaufen und bezahlt den Kaufpreis in bar. Als er später den wahren Sachverhalt erfährt, will er seinen Kaufpreis zurückhaben.
>
> K wurde hier arglistig getäuscht. Er kann deshalb gem. § 123 BGB den Kaufvertrag anfechten. Dies führt zur Nichtigkeit des Kaufvertrags (vgl. dazu die Ausführungen im Abschnitt Rechtslehre I, Seite 31 ff.). Die Nichtigkeit des Kaufvertrages (schuldrechtliches Geschäft) führt aber nicht automatisch zur Nichtigkeit der Übereignung. Hier greift § 812 BGB ein mit der Folge, daß V den gezahlten Kaufpreis zurückgewähren und K das Kraftfahrzeug zurückübereignen muß.

II. Haftung des Käufers für Rechts- und Sachmängel

1. Rechtsmängel

Der Verkäufer ist verpflichtet, dem Käufer den verkauften Gegenstand frei von Rechten zu verschaffen, die von Dritten gegen den Käufer geltend gemacht werden können.

Beispiel:

> Die verkaufte Sache ist mit dem Pfandrecht eines anderen belastet, der dem Käufer den Besitz streitig macht. In diesem Fall hat der Käufer nach § 440 in Verbindung mit §§ 320 ff. BGB die dort gegebenen Rechte. Der Käufer kann also etwa vom Vertrag zurücktreten oder Schadenersatz verlangen.

2. Sachmängel

a) Begriff

Das Gesetz definiert den Sachmangel nach § 459 BGB wie folgt:

Die Sache ist „mit Fehlern behaftet, die den Wert oder die Tauglichkeit zu dem gewöhnlichen oder dem nach dem Vertrage vorausgesetzten Gebrauch aufheben oder mindern".

Ein Sachmangel liegt also, grob gesprochen, dann vor, wenn die Sache „nichts taugt".

Beispiel:

> Die gelieferten Nahrungsmittel sind verdorben; eine gelieferte Maschine funktioniert nicht; das gelieferte Material weist Bruchstellen auf; eine gekaufte Apparatur zeigt falsche Meßwerte an.

b) Der grundsätzliche Standpunkt des Gesetzes

Man sollte sich vor Darlegung der Einzelheiten klar werden, wie das Gesetz auf das Vorliegen eines Sachmangels reagiert. Zunächst ist festzustellen: Auch bei einer mangelhaften Sache hat der Verkäufer zunächst erfüllt. Der Käufer hat also nicht die Rechte, die ihm bei der Nichterfüllung (vgl. Seite 30 ff.) zustehen. Er hat aber gem. §§ 459 BGB andere Rechte. Diese sind unterschiedlich, je nachdem ob es sich um einen Stückkauf oder um einen Gattungskauf handelt.

Beim **Stückkauf** kann er alternativ verlangen: Wandelung, Minderung oder Schadenersatz; beim **Gattungskauf** kann er alternativ darüber hinaus auch die Lieferung einer mangelfreien Sache verlangen.

Des weiteren ist zu beachten, daß diese Rechte nur bestehen, wenn der fragliche Mangel bereits „bei Gefahrübergang" vorgelegen hat. Gefahrübergang ist in der Regel gleichzusetzen mit der „Übergabe der Sache" an den Käufer.

Außerdem ist noch ein weiteres zu beachten: Diese Rechte hat der Käufer nicht unbefristet. Vielmehr gelten für die Geltendmachung von Gewährleistungsansprüchen relativ kurze Verjährungsfristen: Bei der Lieferung einer beweglichen Sache verjähren die Mängelansprüche bereits nach 6 Monaten, beim Kauf von Grundstücken nach Ablauf eines Jahres von der Übergabe an. Nur wenn der Verkäufer einen Mangel arglistig verschwiegen hat, verlängert sich die Gewährleistungsfrist auf die allgemeine Verjährungsfrist von 30 Jahren.

Und schließlich ist zu beachten, daß im Handelsrecht beim beiderseitigen Handelskauf (wenn also beide Parteien Kaufleute im Rechtssinne sind) der Käufer die empfangene Ware unverzüglich (also ohne schuldhaftes Zögern) untersuchen und etwaige Mängel rügen muß. Sonst verliert er die Rechte, die ihm normalerweise (nach dem BGB) zustehen.

c) Die Rechte des Käufers beim Stückkauf

Liefert der Verkäufer entsprechend dem Kaufvertrag eine ganz bestimmte Sache und weist diese Fehler auf, dann hat der Käufer wahlweise drei Rechte: Wandelung, Minderung und gegebenenfalls Schadenersatz.

aa) Die Wandelung

Wandelung bedeutet Rückgängigmachung des Kaufvertrages (§ 462 BGB).

Das bedeutet, daß der Käufer die Sache nicht zu behalten braucht, vielmehr den Gegenstand zurückgeben kann und dafür den Kaufpreis zurückerhält. Zu beachten ist jedoch, daß in vielen Fällen auf Grund besonderer Geschäftsbedingungen das Rückgaberecht, wie es die Wandelung darstellt, ausgeschlossen ist. Auf der anderen Seite hat der Käufer nicht das Recht der Nachbesserung, es sei denn, es wäre wiederum in den Geschäftsbedingungen Entsprechendes gesagt.

Letzteres ist häufig beim Automobilkauf der Fall. Hier kann das Kraftfahrzeug wegen Mängeln nicht zurückgegeben werden, vielmehr besteht ein Nachbesserungsanspruch: Die fehlerhaften Teile des Kraftwagens werden in der Vertragswerkstatt ausgetauscht.

bb) Minderung

Unter Minderung versteht man das Recht zur „Herabsetzung des Kaufpreises" (§ 462 BGB).

Der Käufer kann sich also statt der Wandelung zur Minderung entschließen und damit den Kaufpreis einseitig reduzieren im Verhältnis der Minderwertigkeit des gekauften Gegenstandes. Dabei geht man nach folgender Formel vor:

$$\frac{\text{gezahlter Kaufpreis}}{\text{geminderter Kaufpreis}} = \frac{\text{Wert der mangelfreien Sache}}{\text{Wert der mangelhaften Sache}}$$

cc) Schadenersatz wegen Nichterfüllung

In manchen Fällen kann der Käufer statt Wandelung und Minderung auch Schadenersatz wegen Nichterfüllung verlangen. Dieses Recht hat er in drei Fällen (§ 463 BGB):

- beim Fehlen zugesicherter Eigenschaften,
- wenn der Verkäufer einen Fehler arglistig verschwiegen hat,
- wenn eine Eigenschaft arglistig vorgespiegelt wurde (so die Rechtsprechung).

d) Die Rechte des Käufers beim Gattungskauf

Ein Gattungskauf ist dadurch gekennzeichnet, daß der Verkäufer zur Lieferung von Gegenständen verpflichtet ist, die nur der Gattung nach bestimmt sind.

Beispiele:

Lieferung von Saatkartoffeln, Kohlen, Holz, sonstige Artikel, die eine nur der Gattung nach bestimmte Individualität aufweisen.

In diesem Falle hat der Käufer neben dem Recht auf Wandelung, Minderung und gegebenenfalls Schadenersatz auch das Recht auf Lieferung einer mangelfreien Sache (§ 480).

e) Ergänzende Hinweise

Beim Viehkauf (§§ 481 ff.) greift die Viehmängelverordnung ein, welche nur bestimmte Hauptmängel anerkennt. Außerdem entfällt das Recht der Minderung. Der Käufer kann also hier nur Wandelung oder gegebenenfalls Schadenersatz bzw. beim Gattungskauf Lieferung eines mangelfreien Tieres verlangen.

Das Recht zur Ausübung der Gewährleistungsansprüche verjährt wie oben ausgeführt in 6 Monaten (bewegliche Sachen) bzw. 1 Jahr (Grundstücke). Diese kurze Verjährungsfrist ist der Grund dafür, weshalb beim Vorliegen der §§ 459 ff. nicht auch, was denkbar wäre, zugleich § 119 Abs. 2 BGB Anwendung findet. Nach § 119 Abs. 2 BGB kann man bekanntlich wegen Irrtums über eine verkehrswesentliche Eigenschaft einer Sache anfechten (und das 30 Jahre lang), vgl. dazu Rechtslehre, Teil 1, Seite 31. Nach Übergabe der Sache kann sich der Käufer jedoch nicht auf die Irrtumsanfechtung nach § 119 Abs. 2 mit der Begründung berufen, er habe sich über die Tauglichkeit der gekauften Sache geirrt. Es bleibt dann also bei der Sachmängelhaftung.

III. Sonderformen des Kaufs

1. Kauf unter Eigentumsvorbehalt

Das Besondere an diesem Vertragstyp liegt darin, daß der Verkäufer sich sichern möchte. Er möchte sein Eigentum nicht aus der Hand geben, bevor nicht der Käufer den Kaufpreis vollständig bezahlt hat. Rechtlich erfolgt dies dadurch, daß der Verkäufer nur aufschiebend bedingt, nämlich bis zur vollständigen Bezahlung des Kaufpreises, übereignet. § 455 BGB bringt eine dahingehende Auslegungsregel und zusätzlich die Aussage, daß im Falle des Zahlungsverzuges der Verkäufer zum Rücktritt vom Vertrage berechtigt ist.

Verkäufer	Kauf unter EVo Übereignung bedingt, Eigentumserwerb erst mit Restkaufpreiszahlung	Käufer

Es ist heute durchaus die Regel, daß gelieferte Waren unter Eigentumsvorbehalt verkauft werden. Jedoch muß betont werden, daß die Erklärung des Eigentumsvorbehalts rechtzeitig, also zum Zeitpunkt des Vertragsabschlusses erfolgen muß. Vorbehalte auf einer nach Lieferung übersandten Rechnung kommen zu spät.

2. Das Vorkaufsrecht

Wenn jemandem ein Vorkaufsrecht eingeräumt wird, dann hat er das Recht, in einen später abgeschlossenen Vertrag „einzusteigen“; und zwar zu den Bedingungen, die dem späteren Kaufvertrag zugrunde liegen.

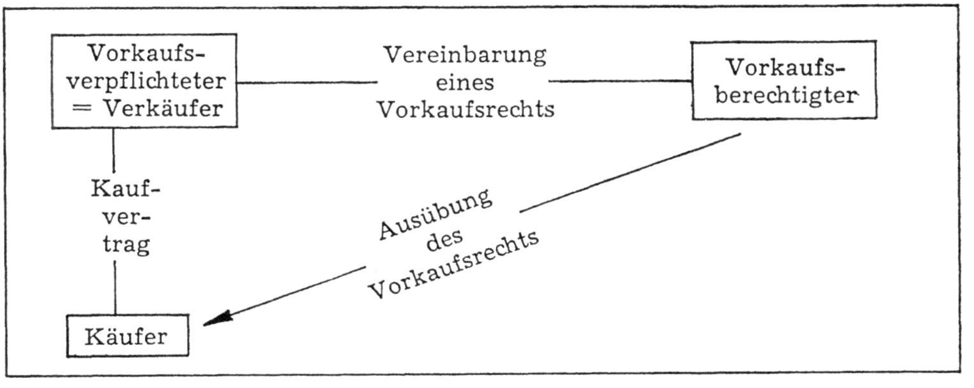

Beim Vorkaufsrecht über Grundstücke ist zu beachten, daß die Vorkaufsberechtigung in das Grundbuch eingetragen werden kann. Damit wird ausgeschlossen, daß sich spätere Erwerber auf ihre Unwissenheit hinsichtlich des Vorkaufsrechts berufen. Wer ganz auf „Nummer sicher“ gehen möchte, muß also das Vorkaufsrecht in das Grundbuch eintragen lassen.

3. Der Abzahlungskauf

Die Zahlung des Kaufpreises in Raten ist eine gängige Erscheinung im Wirtschaftsleben. Es handelt sich bei den Käufern erfahrungsgemäß um sozial besonders schutzwürdige Gruppen. Aus diesem Grunde hat der Gesetzgeber mit dem Gesetz betreffend die Abzahlungsgeschäfte (AbzG) besondere Bestimmungen zum Schutze des Käufers eingeführt. Unter anderem bedarf es der Schriftform, wobei die Vertragsurkunde besondere Bestimmungen über den Barzahlungspreis, den Teilzahlungspreis, die Teilzahlungen und den effektiven Jahreszins enthalten muß.

Unter **Barzahlungspreis** versteht man den Preis, den der Käufer zu entrichten hätte, wenn spätestens bei Übergabe der Sache der Preis in voller Höhe fällig wäre (dieser Preis liegt naturgemäß niedriger).

Der **Teilzahlungspreis** besteht aus dem Gesamtbetrag von Anzahlung und allen zu entrichtenden Raten einschließlich der Zinsen und sonstigen Kosten (er liegt höher als der Barzahlungspreis).

Außerdem ist zu beachten, daß der Teilzahlungskäufer jetzt ein **Widerrufsrecht** binnen einer Frist von einer Woche hat. Er kann ohne Angabe von Gründen vom Vertrag durch schriftliche Erklärung zurücktreten.

Fragen:

31. Welche Pflichten hat der Käufer, welche der Verkäufer?
32. Welche Rechte hat der Käufer bei Sachmängeln?
33. Was versteht man unter einem Kauf unter Eigentumsvorbehalt?
34. Kann man jeden beliebigen Kauf rückgängig machen?

J. Verträge mit Gebrauchs- und Nutzungsüberlassung

Lernziel:

Nach Durcharbeitung müssen Ihnen geläufig sein: der Unterschied zwischen der Miete und der Pacht, die Rechte und Pflichten im Miet- bzw. Pachtvertrag, der Begriff des „Leasing“ sowie die Rechte und Pflichten im Darlehensverhältnis.

I. Miete und Pacht

1. Wesensmerkmale

Miete und Pacht sind Verträge über die entgeltliche Gebrauchsüberlassung von Gegenständen.

Während aber die Miete sich auf die bloße Gebrauchsüberlassung beschränkt (§§ 535 ff. BGB), ist der Pächter zugleich zur Fruchtziehung berechtigt.

Durch den Pachtvertrag wird der Verpächter verpflichtet, dem Pächter den Gebrauch des verpachteten Gegenstandes und den Genuß der Früchte, soweit sie nach den Regeln einer ordnungsmäßigen Wirtschaft als Ertrag anzusehen sind, während der Pachtzeit zu gewähren (§ 581 Abs. 1 Satz 1 BGB).

Beispiele:

Pacht eines landwirtschaftlichen Anwesens oder einer Gaststätte samt Inventar.

Auf Grund der inneren Verwandtschaft der beiden Verträge finden auf die Pacht die Vorschriften über den Mietvertrag entsprechende Anwendung (§ 581 Abs. 2 BGB).

2. Rechte und Pflichten im Miet- und Pachtvertrag

Der Vermieter hat den Gebrauch der vermieteten Sache während der Mietzeit zu gewähren; der Verpächter zusätzlich die Fruchtziehung zu gestatten.

Der Mieter/Pächter ist verpflichtet dem Vermieter/Verpächter den vereinbarten Miet-/Pachtzins zu entrichten (vgl. §§ 535, 581 BGB).

Hinsichtlich der sonstigen Pflichten im Miet- bzw. Pachtvertrag ist in aller Regel durch vertragliche Vereinbarung das Nähere geregelt (vgl. etwa der „Deutsche Einheitsmietvertrag“). Das Gesetz greift insofern nur hilfsweise ein. Es sei hier nur stichwortartig erwähnt:

Der Vermieter muß die vermietete Sache in einem zu dem vertragsmäßig geeigneten Zustande überlassen und sie während der Mietzeit in diesem Zustand erhalten (§ 536 BGB). Bei Mängeln der Mietsache hat der Mieter das Recht, die Miete (voll oder teilweise) „einzubehalten“, d. h. zu mindern (§ 537 BGB).

Der Vermieter ist verpflichtet, dem Mieter die auf die Sache gemachten notwendigen Verwendungen zu ersetzen (§ 547 BGB). Der Mieter ist berechtigt, eine Einrichtung, mit der er die Sache versehen hat, beim Auszug wegzunehmen (§ 547 a BGB). Der Vermieter von Räumen kann allerdings die Ausübung des Wegnahmerechts durch Zahlung einer angemessenen Entschädigung abwenden, es sei denn, der Mieter habe ein berechtigtes Interesse an der Wegnahme. Zu betonen ist auch, daß Veränderungen und Verschlechterungen der gemieteten Sache, die durch den vertragsmäßigen Gebrauch herbeigeführt werden, nach § 548 BGB vom Mieter nicht zu vertreten sind (die normale Abnutzung geht also zu Lasten des Vermieters).

Auch sei das Verbot der Untervermietung erwähnt: Der Mieter ist ohne Erlaubnis des Vermieters nicht berechtigt, den Gebrauch der gemieteten Sache einem Dritten zu überlassen (§ 549 BGB).

Zu beachten ist schließlich, daß dem Vermieter eines Grundstücks für die Mietforderungen an den eingebrachten Sachen des Mieters ein gesetzliches Pfandrecht zusteht (§ 559 ff. BGB).

3. Sondervorschriften für das soziale Mietrecht

Die Vermietung von Wohnraum unterliegt weitgehend zwingenden Regeln, von denen durch Vertrag nicht abgewichen werden darf. Sie waren früher in Sondervorschriften enthalten, sind aber nunmehr in das BGB eingefügt worden. Zum Schutze des Mieters besteht insbesondere eine „Sozialklausel“ (§ 556 a BGB). Der Mieter kann der Kündigung eines Mietverhältnisses über Wohnraum widersprechen und vom Vermieter die Fortsetzung des Mietverhältnisses verlangen, wenn die vertragsmäßige Beendigung des Mietverhältnisses für den Mieter oder seine Familie eine Härte bedeuten würde, die auch unter Würdigung der berechtigten Interessen des Vermieters nicht zu rechtfertigen ist. Eine derartige Härte liegt auch dann vor, wenn angemessener Ersatzwohnraum zu zumutbaren Bedingungen nicht beschafft werden kann.

Den Widerspruch gegen die Kündigung muß der Mieter schriftlich erklären. Kommt eine Einigung zwischen Vermieter und Mieter nicht zustande, so ist durch Urteil (des Amtsgerichts) zu entscheiden.

4. „Kauf bricht nicht Miete“

Wird ein vermietetes Grundstück verkauft, so besteht zwischen dem Mieter und dem Erwerber kein Vertragsverhältnis. Zum Schutz des Mieters bestimmt jedoch § 571 BGB, daß der Erwerber an Stelle des Vermieters in die Rechte und Pflichten des Mietverhältnisses eintritt. Kauf bricht insofern nicht Miete.

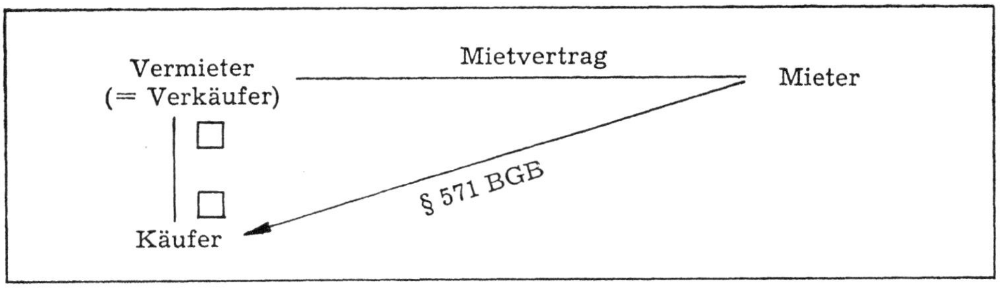

Damit ist der Mieter auch gegenüber einem späteren Erwerber geschützt. Erfüllt der Erwerber gleichwohl die bestehenden Verpflichtungen nicht, so haftet nach § 571 Abs. 2 BGB der Vermieter (also der frühere Eigentümer) für den vom Erwerber zu ersetzenden Schaden wie ein selbstschuldnerischer Bürge (siehe unten). Erlangt jedoch der Mieter vom Übergang des Eigentums durch Mitteilung des Vermieters Kenntnis, so wird der Vermieter von der Haftung befreit, wenn nicht der Mieter das Mietverhältnis für den ersten Termin kündigt, für den die Kündigung zulässig ist.

5. Das Leasing

a) Begriff und Arten des Leasings

Der Ausdruck Leasing stammt aus dem Angelsächsischen und bedeutet dort soviel wie mieten (to lease = mieten). Unter diesem Begriff wird die seit den sechziger Jahren aufgekommene Erscheinung zusammengefaßt, daß gewerbliche Unternehmen Gegenstände des Anlagevermögens mieten bzw. pachten, anstatt sie zu kaufen.

Die Entscheidung gegen den käuflichen Erwerb und für das Leasing fällt neben bilanzmäßigen und steuerlichen Gründen vor allem im Hinblick auf die Beschränkung des Investitionsrisikos (Veralten von Maschinen, fachkundige Wartung durch den Vertragspartner). Außerdem sind die Leasingraten meist auf einen längeren Zeitraum verteilt als die vergleichsweisen Raten beim Kauf, womit der Erwerber die Leasingkosten aus seiner laufenden Produktion aufbringen kann.

Kennzeichnend für das Leasinggeschäft ist die zeitweilige Überlassung von Gegenständen durch den Leasinggeber an den Leasingnehmer gegen Entgelt.

Insofern enthält der Leasingvertrag mietrechtliche Elemente. Hinzu kommen jedoch eine Reihe von Besonderheiten, die ihn von der Miete bzw. Pacht unterscheiden. Man kennt im wesentlichen zwei Formen des Leasing, das „Operating-Leasing" und das „Finanzierungs-Leasing".

(aa) Operating-Leasing

Dieses liegt vor, wenn Anlagegüter vom Hersteller geliefert werden und der Mieter das Entgelt für die zeitweilige Gebrauchsmöglichkeit entrichtet.

Die Rechtslage ist dann nach Mietrecht zu beurteilen. Wirtschaftlich handelt es sich um eine Form des Produzentenkredits. Im Gegensatz zum Ratenkauf ist jedoch ein Erwerb des Eigentums nicht beabsichtigt.

Auf der anderen Seite kann der Leasinggeber seine Leasingforderungen im Wege des Factoring abtreten, womit er sich nicht schlechter stellt als ein Verkäufer.

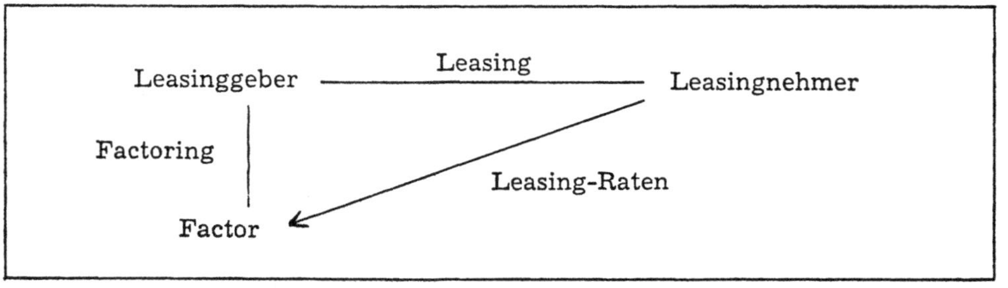

Denkbar ist auch, daß dem Leasingnehmer zum Schluß der Gebrauchsüberlassung ein Optionsrecht eingeräumt ist, wodurch er den Gegenstand zu Eigentum erwerben kann. In diesem Fall handelt es sich um nichts anderes als um einen Mietkauf: Die Mietraten sind in Wirklichkeit Kaufpreisraten gewesen.

(bb) Finanzierungsleasing

Kennzeichnend ist hierfür, daß zwischen dem Produzenten und dem Erwerber eine Leasinggesellschaft eingeschaltet ist, die ihrerseits als Leasinggeber auftritt (mittelbares Leasing). Der Leasinggeber übernimmt insofern die Funktion eines Kreditgebers.

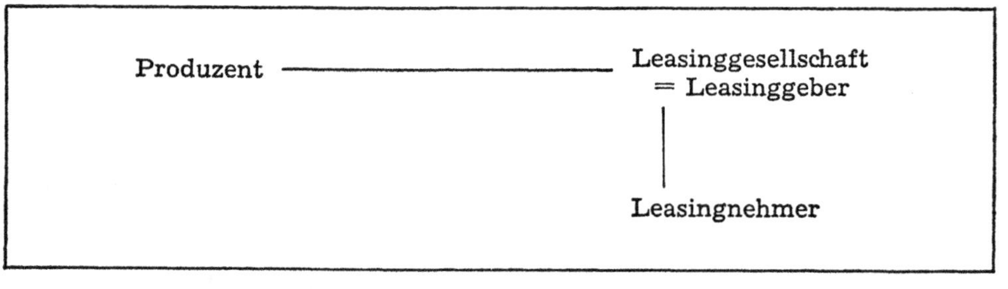

Betriebswirtschaftlich werden die Leasingraten so kalkuliert, daß sie insgesamt die vom Leasinggeber getätigten Anschaffungskosten einschließlich der Verzinsungs- und Gewinnquote abdecken. Typisch ist aber jeweils, daß der Leasingnehmer durch seine Zahlungen während der Überlassungszeit mehr als den Gebrauchswert erbringt. Deshalb enthalten viele Leasingverträge nach Ablauf der Festmietzeit eine Kaufoption, bei deren Ausübung nur noch ein geringer Restkaufpreis zu zahlen ist.

b) Rechtliche Konsequenzen

Der Leasingvertrag steht zwischen Kauf und Miete. Beim Finanzierungsleasing wird der Unterschied zum Mietvertrag besonders deutlich: Nach Mietrecht trägt der Vermieter die Verpflichtung, die Mietsache im gebrauchsfähigen Zustand zu erhalten, einschließlich der Mängelhaftung (§§ 537, 538 BGB). In den Leasingverträgen ist dagegen die Risikoverteilung bei Untergang und Verschlechterung der Sache zu Lasten des Leasingnehmers ausgestaltet. Insofern ist seine Stellung nicht anders als die eines Käufers. Der Leasinggeber trägt lediglich das Kreditrisiko, ist jedoch dadurch gesichert, daß er auf Grund des Eigentums die überlassenen Gegenstände bei Nichtzahlung der Leasingraten jederzeit zurückverlangen kann.

II. Darlehen

1. Der Darlehensvertrag

Darlehen ist die Überlassung von Geld oder anderer vertretbarer Sachen, also ebenfalls eine Art der Gebrauchsüberlassung.

Im Unterschied zur Miete jedoch werden dem Darlehensnehmer die Gegenstände übereignet. Daraus folgt, daß dieser das Empfangene später zurückzuerstatten hat (§ 607 BGB). Die Entgeltlichkeit beim Darlehensgeschäft liegt in der Pflicht zur Zahlung von Zinsen.

2. Rechte und Pflichten im Darlehensverhältnis

Der Darlehensgeber (das Gesetz spricht von „Darleiher") hat das versprochene Darlehen zu gewähren, der Darlehensnehmer ist nach Ablauf der Darlehenszeit zur Rückzahlung und — wie in der Regel — beim entgeltlichen Darlehen zur Zinszahlung verpflichtet.

Im übrigen ist das Darlehensrecht im BGB (§§ 607—610) mit gerade vier Paragraphen äußerst dürftig geregelt. Das hat seinen Grund darin, daß hier völlige Vertragsfreiheit herrschen soll, die ihre Grenzen lediglich in den allgemeinen Bestimmungen (etwa Anwendung des § 138 BGB bei wucherischem Darlehenszins) findet.

Fragen:

35. Wie unterscheidet sich die Miete von der Pacht?
36. Kann man die Vorschriften über das soziale Mietrecht durch vertragliche Abrede außer Kraft setzen?
37. Was versteht man unter dem Satz „Kauf bricht nicht Miete"?
38. Welche beiden Formen des Leasing kennen Sie?

K. Verträge mit der Verpflichtung zum Tätigwerden für einen anderen

Lernziel:

> Im nachfolgenden Abschnitt wird der Dienstvertrag, der Werkvertrag, der Werklieferungsvertrag, der Auftrag und die Geschäftsführung ohne Auftrag abgehandelt. Sie müssen hierbei jeweils die Begriffe lernen und die aus den einzelnen Vertragsverhältnissen folgenden Rechte und Pflichten der Beteiligten nennen können.

I. Dienstvertrag

Das Recht des Dienstvertrages (§§ 611 ff. BGB) ist systematisch dem Arbeitsrecht zuzuordnen. Es geht um die Leistung abhängiger Arbeit. Hier greifen neben den §§ 611 ff. noch weitere Sonderbestimmungen im Interesse des Arbeitnehmerschutzes ein. Dazu Näheres im Arbeitsrecht.

II. Werkvertrag

1. Wesen des Werkvertrags und seine Abgrenzung zum Dienstvertrag

Am Werkvertrag sind zwei Parteien beteiligt: Der „Unternehmer" und der „Besteller". Gemäß § 631 BGB ist der Unternehmer zur Herstellung des versprochenen Werkes verpflichtet, der Besteller zur Entrichtung der vereinbarten Vergütung.

Werkvertrag und Dienstvertrag beinhalten also beide eine Pflicht zum Tätigwerden für einen anderen.

> *Beim Dienstvertrag wird lediglich die Dienstleistung als solche, beim Werkvertrag zugleich auch noch die Herstellung des Werkes, also ein bestimmter Erfolg geschuldet. Man kann auch formulieren: Beim Dienstvertrag ist das „Wirken", beim Werkvertrag das „Werk" geschuldet.*

Werkverträge liegen etwa vor beim Tätigwerden von Handwerkern anläßlich von Reparaturen. Wohingegen beim Tätigwerden von Arbeitnehmern lediglich die Arbeit als solche, nicht aber auch der Erfolg geschuldet ist. Im einzelnen freilich kann das streitig sein. So hat die Rechtsprechung für den Architektenvertrag ausgeführt, daß es sich hier in der Regel um einen Werkvertrag handelt, wohingegen beim Tätigwerden des Steuerberaters eine Geschäftsbesorgung mit dienstvertraglichem Charakter angenommen wird.

2. Werklieferungsvertrag

Kennzeichnend für den Werklieferungsvertrag ist, daß der Unternehmer das Werk aus einem von ihm zu beschaffenden Stoffe herzustellen hat.

Handelt es sich bei diesen, vom Unternehmer zu beschaffenden Stoffen um vertretbare Sachen, so ist der Vertragstyp dem Kaufrecht so angenähert, daß das Gesetz das Kaufrecht entsprechend anwendet (§ 651 Abs. 1 BGB). Handelt es sich dagegen um nicht vertretbare Sachen, so findet dem Grundsatz nach Werkvertragsrecht Anwendung.

3. Vertragliche Abweichungen

Das Recht des Werkvertrages, so wie es das BGB vorsieht, steht meist nur „auf dem Papier". Durch allgemeine Geschäftsbedingungen ist regelmäßig Abweichendes vereinbart. Vor allem greift für Bauhandwerkerleistungen meist die „VOB" ein.

III. Auftrag

1. Wesensmerkmale des Auftrags

Obwohl im Wirtschaftsleben der Begriff Auftrag anders verwendet wird, ist als Wesen des Auftrags festzustellen:

Es handelt sich um das unentgeltliche Tätigwerden für fremde Interessen.

Hierbei bestehen zwei Hauptpflichten: Der Beauftragte muß alles, was er im Verlauf des Auftrags erlangt hat, an den Auftraggeber herausgeben (§ 667 BGB). Der Auftraggeber hat dem Beauftragten seine Aufwendungen zu ersetzen (§ 670 BGB).

Unentgeltliches Tätigwerden ist im Wirtschaftsleben die Ausnahme. Trotzdem erhalten die Vorschriften über den Auftrag (§§ 662 ff. BGB) ihre Bedeutung dadurch, daß das Gesetz an anderer Stelle auf die Auftragsvorschriften verweist. So etwa beim Testamentsvollstrecker. Gemäß § 2218 BGB findet auf das Rechtsverhältnis zwischen dem Testamentsvollstrecker und den Erben das Auftragsrecht entsprechende Anwendung.

2. Geschäftsführung ohne Auftrag

Wenn jemand, ohne dazu beauftragt zu sein, die Angelegenheiten eines anderen wahrnimmt, so spricht man von der Geschäftsführung ohne Auftrag (§ 677 ff. BGB).

Hier hat der Geschäftsführer die Pflicht, die Interessen des Geschäftsherrn mit Rücksicht auf dessen wirklichen oder mutmaßlichen Willen wahrzunehmen.

Beispiel:

Der Nachbar des im Urlaub befindlichen Eigentümers bemerkt einen Wasserrohrbruch und verständigt zur weiteren Schadenverhütung einen Handwerker.

Hier finden die Vorschriften über den Auftrag entsprechende Anwendung, insbesondere die Pflicht zur Herausgabe des Erlangten bzw. zum Ersatz der gemachten Aufwendungen.

Behandelt aber jemand ein fremdes Geschäft als sein eigenes, obwohl er weiß, daß er nicht dazu berechtigt ist, so spricht man von der unechten Geschäftsführung ohne Auftrag (§ 687 Abs. 2 BGB).

Hier kann der Geschäftsherr gleichwohl die Rechte des Auftraggebers wahrnehmen, insbesondere das herausverlangen, was der Geschäftsführer vereinnahmt hat. Diese Bestimmung wird von der Rechtsprechung bei den „Schmiergeldern" herangezogen: Wer als Angestellter Schmiergelder in Empfang nimmt, ist dazu nicht berechtigt. Der Arbeitgeber hat aus § 687 Abs. 2 BGB einen Anspruch auf Herausgabe des Erlangten.

Fragen:

39. Wie unterscheidet sich der Dienstvertrag vom Werkvertrag?
40. Was versteht man unter einem Werklieferungsvertrag und welche Vorschriften finden auf ihn Anwendung?
41. Wie unterscheiden sich Dienst- und Werkvertrag vom Auftrag?
42. Welche beiden Hauptpflichten bestehen beim Auftrag?

L. Verträge zur Absicherung von Verbindlichkeiten

Lernziel:

Im nachfolgenden Abschnitt wird vor allem die Bürgschaft als eine Form des Personalkredits dargestellt. Sie müssen nach Durcharbeitung dieses Abschnitts die verschiedenen Formen der Bürgschaft und die Wirksamkeitsvoraussetzungen für das Zustandekommen eines Bürgschaftsversprechens kennen. Darüber hinaus müssen Sie die Rechte des Bürgen nennen können, wenn er vom Gläubiger in Anspruch genommen wird.

I. Bürgschaft

1. Wesen und Arten der Bürgschaft

a) Wesen

Durch den Bürgschaftsvertrag verpflichtet sich der Bürge gegenüber dem Gläubiger eines Dritten (man nennt ihn den Hauptschuldner), für die Erfüllung der Verbindlichkeit des Dritten einzustehen.

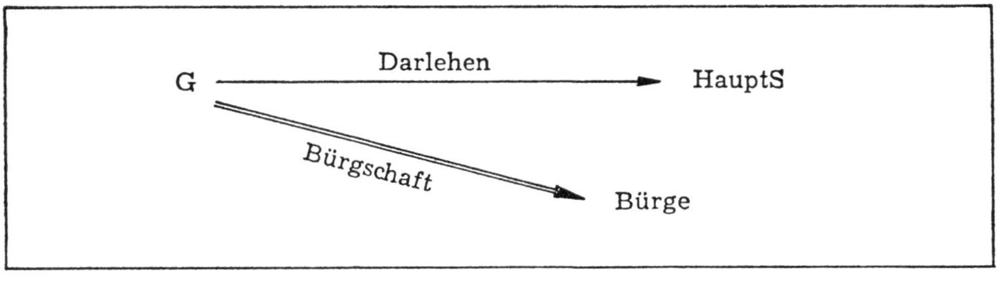

b) Arten

Der oben beschriebene Sachverhalt ist der Hauptfall der Bürgschaft, der Bürge soll für einen anderen, den Hauptschuldner einstehen. Daneben gibt es aber auch spezielle Fälle:

(aa) Nachbürgschaft

Hier verbürgt sich jemand als Nachbürge für die Bürgschaftsschuld eines anderen Bürgen.

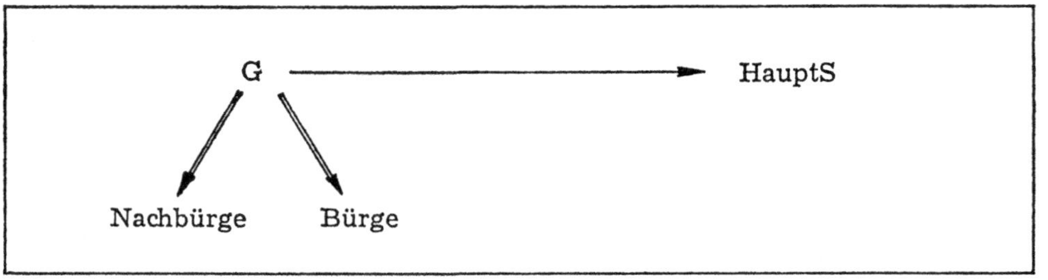

Bei der Nachbürgschaft bestehen also Rechtsbeziehungen nur zwischen den Nachbürgen und dem Gläubiger der Hauptschuld, und zwar für den Fall, daß der erste Bürge (Vor-, Hauptbürge) ausfällt.

(bb) Rückbürgschaft

Hier handelt es sich um eine Sicherheit für den Hauptbürgen, und zwar hinsichtlich seiner Regreßforderung gegenüber dem Schuldner.

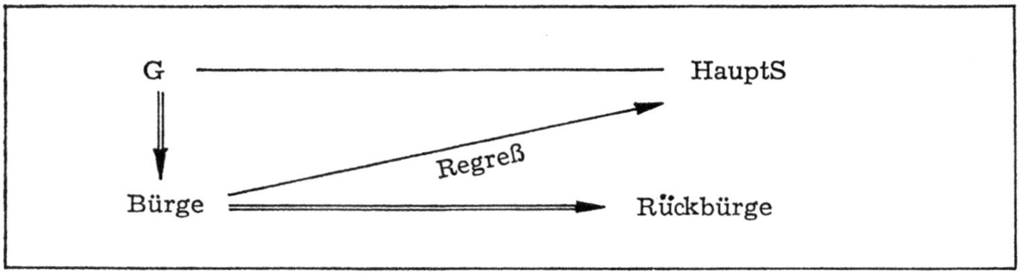

2. Die Form des Bürgschaftsversprechens

Eine Bürgschaft kann folgenschwer sein. Aus diesem Grunde schützt das Gesetz den Bürgen vor der unüberlegten Zusage dadurch, daß es zur Gültigkeit des Bürgschaftsvertrages die schriftliche Erteilung der Bürgschaftserklärung verlangt (§ 766 BGB). Hier sei jedoch erwähnt, daß im Handelsrecht auch mündliche Bürgschaftserklärungen wirksam sein können (§ 350 BGB).

3. Die Abhängigkeit der Bürgschaft von der Hauptverpflichtung

Der Bürge haftet für den Hauptschuldner. Dieses Abhängigkeitsverhältnis der Bürgschaft von der Hauptverpflichtung, für die sie übernommen wird, bezeichnet man als **„Akzessorietät“**. Sie wirkt sich wie folgt aus:

a) Einreden des Bürgen (§ 768 BGB)

Dem Bürgen stehen auf Grund der Abhängigkeit der Bürgschaft von der Hauptverpflichtung auch alle die Einreden zu, die der Hauptschuldner dem Gläubiger entgegenhalten kann.

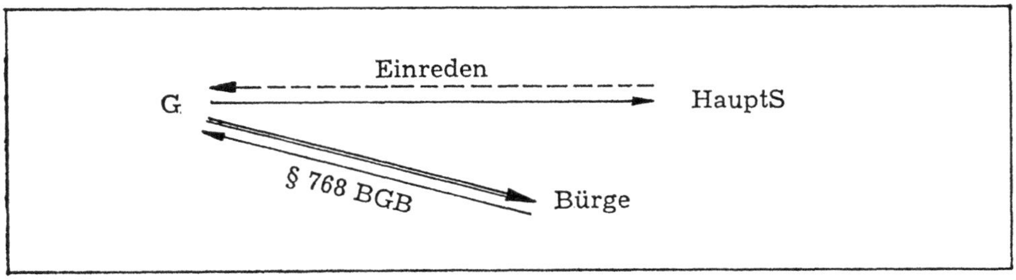

Der Bürge kann also etwa geltend machen, die Hauptverbindlichkeit sei bereits verjährt. Besonderes gilt für den Fall, daß der Hauptschuldner anfechten bzw. aufrechnen kann.

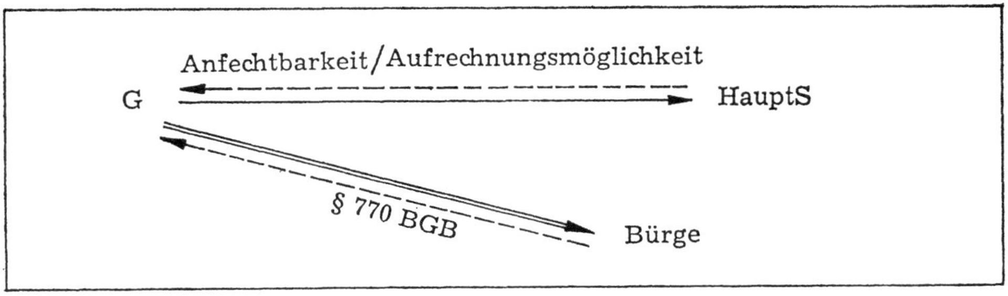

Hier handelt es sich insofern um eine Ergänzung von § 768 BGB, als ja die Einwendungen erst entstanden sind, wenn angefochten bzw. aufgerechnet ist (weil nur die erklärte Anfechtung bzw. die erklärte Aufrechnung zum Erlöschen des Schuldverhältnisses führen kann, vgl. §§ 142 einerseits und § 389 BGB andererseits). Da die Erklärung aber vom Schuldner kommen muß, es andererseits aber unbillig wäre, den Bürgen haften zu lassen, wenn sich der Schuldner aus irgendwelchen Gründen nicht auf die Anfechtung oder Aufrechnung berufen will, gibt das Gesetz dem Bürgen hier ein zusätzliches Leistungsverweigerungsrecht (§ 770 BGB).

b) Einrede der Vorausklage

Der Bürge soll der gesetzlichen Konzeption zufolge nur hilfsweise in Anspruch genommen werden, eben für den Fall, daß beim Schuldner selbst „nichts zu holen ist". Man spricht insofern von der **„Subsidiarität der Bürgschaft"**. Rechtlich wirkt sich die Subsidiarität so aus, daß der Bürge die Befriedigung des Gläubigers verweigern kann, solange nicht der Gläubiger eine Zwangsvollstreckung gegen den Hauptschuldner ohne Erfolg versucht hat. Man spricht hier von der **Einrede der Vorausklage.** Es sei auch hier bemerkt, daß bei der kaufmännischen Bürgschaft die Einrede der Vorausklage entfällt (§ 349 HGB).

Die Einrede der Vorausklage läßt den Wert einer Bürgschaft sinken. Man stelle sich vor, daß der Gläubiger erst den Schuldner in langwierigen Prozessen verklagen muß, um einen Vollstreckungstitel zu erreichen. Erst dann könnte er gegen den Bürgen vorgehen, wenn beim Schuldner selbst der Vollstreckungsversuch erfolglos geblieben ist. Aus diesem Grunde verlangen insbesondere die Banken, daß der Bürge auf die Einrede der Vorausklage verzichtet. Man spricht insofern von der **selbstschuldnerischen Bürgschaft.**

Das Gesetz kennt in § 773 BGB weitere Fälle des Ausschlusses der Vorausklage, namentlich dann, wenn der Vollstreckungsversuch beim Schuldner offenkundig nicht zum Erfolge führen wird (z. B. wenn über das Vermögen des Hauptschuldners bereits der Konkurs eröffnet ist oder die Rechtsverfolgung gegen ihn durch eine Änderung des Wohnsitzes wesentlich erschwert ist).

c) Rückgriffsanspruch des Bürgen

Der Bürge soll für den Hauptschuldner einstehen. Wird er in Anspruch genommen, so soll derjenige, für den er sich verbürgt hat, davon nicht profitieren. Aus diesem Grunde erwirbt der Bürge mit der Zahlung an den Gläubiger einen Regreßanspruch gegen den Schuldner (§ 774 BGB).

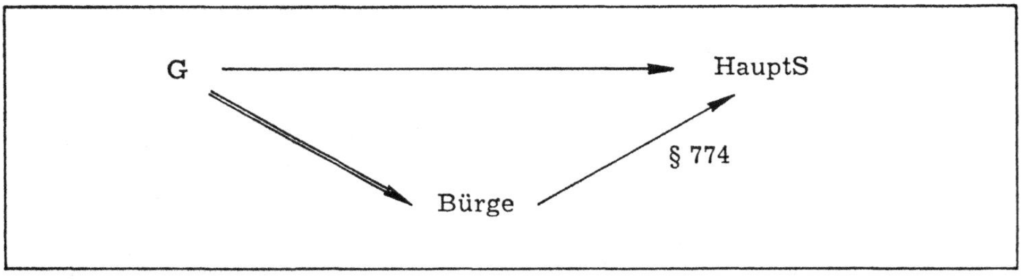

Freilich ist dieser Regreßanspruch in vielen Fällen wertlos, da der Schuldner von sich aus den Gläubiger befriedigt hätte, wenn er dazu in der Lage gewesen wäre.

II. Schuldversprechen und Schuldanerkenntnis

Hier handelt es sich um Verträge, die der Klarstellung dienen sollen. Nach § 780 und § 781 BGB ist die Möglichkeit der Abgabe eines Schuldversprechens oder Schuldanerkenntnisses gegeben. Beiden Fällen ist gemeinsam, daß die dort abgegebenen Erklärungen **abstrakt,** also **von einem Rechtsgrund losgelöst** sind.

Schuldet jemand aus Kauf eine bestimmte Summe und erkennt er dies durch ein abstraktes Schuldanerkenntnis an, so wird seine Leistungspflicht unabhängig von den Streitigkeiten, die möglicherweise beim Kaufvertrag bestanden haben, neu begründet. Das hat vor allen Dingen beweisrechtliche Vorteile.

Da es sich auch hier um gefährliche Erklärungen handelt, verlangt das Gesetz sowohl für das abstrakte Schuldversprechen als auch für das abstrakte Schuldanerkenntnis die Schriftform.

Beispiel:

Anton stand mit Berta in laufender Geschäftsbeziehung. Wegen Meinungsverschiedenheiten kommt es zum Bruch. Zu diesem Zeitpunkt sind noch verschiedene Rechnungsbeträge offen. Außerdem wird vom Käufer der eine oder andere Mangel gerügt, so daß letztlich Streit über die Höhe der noch an den Verkäufer zu zahlenden Außenstände besteht. Nach längerer Korrespondenz und einigen Besprechungen einigt man sich schließlich auf den Betrag von 7000 DM. Damit soll alles erledigt sein. Der Verkäufer will Klarstellung, daß die Verpflichtung in Höhe von 7000 DM nicht mehr bestritten wird. Deshalb läßt er den Käufer folgendes Schriftstück unterzeichnen:

„Hiermit verpflichte ich mich, an die Firma Berta 7000 DM zu zahlen.

Anton“

Fragen:

43. Welche Form setzt das Bürgschaftsversprechen voraus?
44. Welche Einreden hat der Bürge?
45. Was versteht man unter einem abstrakten Schuldversprechen?

M. Ungerechtfertigte Bereicherung (§§ 812 ff. BGB)

Lernziel:

Der nachfolgende Abschnitt gibt einen kurzen Überblick über Grundfälle der ungerechtfertigten Bereicherung. Neben den verschiedenen Grundtatbeständen müssen Sie sich vor allem über die Leistungskondiktion klar werden. Sie müssen hierbei den Zusammenhang zwischen dem sogenannten Verpflichtungsgeschäft und dem Erfüllungsgeschäft erkennen. Das „Abstraktionsprinzip“ muß Ihnen in diesem Zusammenhang klar werden.

I. Der Grundgedanke

Wenn jemand etwas ohne Rechtfertigung erlangt hat, muß er dies zurückgeben. Dies entspricht bereits dem natürlichen Empfinden. Das Gesetz versucht im § 812 BGB unter dem Abschnitt „Ungerechtfertigte Bereicherung“ die Fälle zu regeln, in denen jemand etwas ohne rechtlichen Grund auf Kosten eines anderen erlangt hat. Jedoch muß betont werden: Die §§ 812 ff. BGB wollen keinen allgemeinen Ausgleich von Besitzverhältnissen, die (wirtschaftlich, gesellschafts- oder sozialpolitisch) als ungerecht angesehen werden. Das Gesetz hat vielmehr ganz eng umschriebene Tatbestände geschaffen. Nur wenn diese erfüllt sind, ist ein Herausgabeanspruch gegeben.

II. Fälle der ungerechtfertigten Bereicherung

1. Ungerechtfertigte Bereicherung im Falle der Leistung ohne rechtlichen Grund

Wer durch die Leistung eines anderen etwas ohne rechtlichen Grund erlangt, ist gemäß § 812 (1. Alternative) zur Herausgabe des Erlangten verpflichtet. Man spricht hier in Anlehnung an die Bezeichnung des römischen Rechts von der **„Leistungskondiktion“**. Kennzeichnend für diesen Fall der ungerechtfertigten Bereicherung ist, daß es am r e c h t l i c h e n G r u n d fehlt. Mit dem rechtlichen Grund ist nichts anderes gemeint als das Schuldverhältnis (z. B. der Kaufvertrag), welches die Vermögensverschiebung (etwa die Übereignung) rechtfertigt.

Fällt das Schuldverhältnis weg (z. B. infolge Anfechtung), so ist die Übereignung auf Grund des Abstraktionsprinzips gleichwohl erfolgt, jedoch ohne rechtlichen Grund. Es muß dann über die ungerechtfertigte Bereicherung ein Ausgleich geschaffen werden. Der jeweilige Empfänger hat das Erlangte herauszugeben (der Käufer muß zurückübereignen, der Verkäufer erstattet den Kaufpreis zurück).

Verkäufer — Kaufvertrag nichtig / Übereignung gültig — Käufer

Folgen gem. § 812 BGB:

1. Rückübereignung
2. Rückzahlung des Kaufpreises

2. Weitere Fälle der ungerechtfertigten Bereicherung

Das Gesetz kennt daneben noch eine Reihe komplizierter Einzeltatbestände, bei denen ebenfalls im Wege der ungerechtfertigten Bereicherung ein Anspruch auf Herausgabe dessen besteht, was ohne rechtlichen Grund erlangt wurde.

Erwähnt werden soll hier nur noch der Fall der **„Verfügung eines Nichtberechtigten"** (§ 816 BGB): Trifft ein Nichtberechtigter über einen Gegenstand eine Verfügung, die dem Berechtigten gegenüber wirksam ist, so ist er dem Berechtigten zur Herausgabe des durch die Verfügung Erlangten verpflichtet.

Beispiel:

Ein Mieter (= Nichteigentümer und damit Nichtberechtigter) veräußert die gemietete Maschine an einen Dritten, der den Mieter für den Eigentümer hält. Dann erwirbt der Dritte das Eigentum kraft guten Glaubens (§ 932 BGB). Die Verfügung des Mieters ist also dem wahren Eigentümer gegenüber wirksam, weil er ja sein Eigentum verliert. Hier kann aber dann der Berechtigte, also der erste Eigentümer, wenigstens den Veräußerungserlös vom ungetreuen Mieter herausverlangen (§ 816 Abs. 1 BGB).

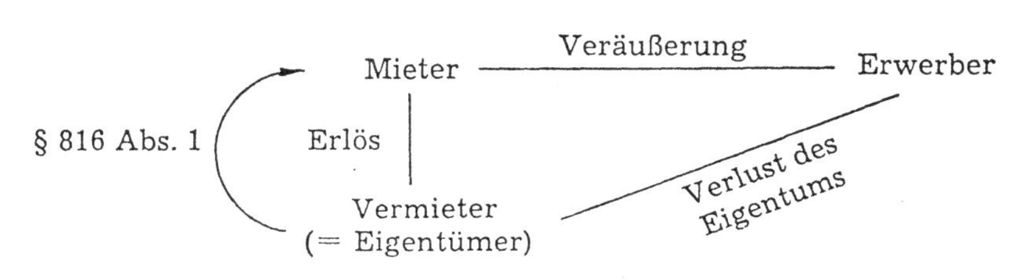

Dasselbe gilt im umgekehrten Falle, wenn an den Nichtberechtigten eine Leistung bewirkt wird, die dem Berechtigten gegenüber wirksam ist.

Beispiel:

Der Schuldner leistet an den alten Gläubiger, obwohl zwischenzeitlich die Forderung an einen neuen Gläubiger abgetreten wurde. Wenn der Schuldner nichts von der Abtretung wußte, wird er nach § 407 BGB befreit. Die Leistung an den alten Schuldner ist also dem neuen Schuldner gegenüber im Sinne des § 816 Abs. 2 BGB wirksam. Dann kann aber der neue Gläubiger vom alten Gläubiger Herausgabe des erlangten Betrages verlangen.

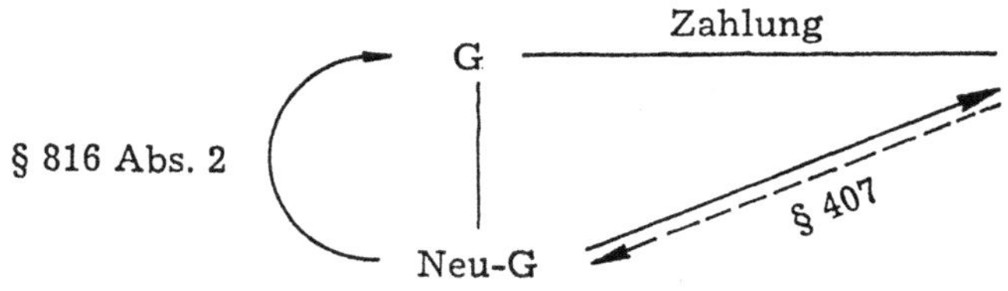

III. Umfang des Bereicherungsanspruchs

Der Anspruch aus ungerechtfertigter Bereicherung ist auf Herausgabe des Erlangten gerichtet. Er erstreckt sich nach § 818 BGB auch auf die gezogenen Nutzungen, sowie auf dasjenige, was der Empfänger auf Grund eines erlangten Rechts oder als Ersatz für die Zerstörung, Beschädigung oder Entziehung des erlangten Gegenstandes erwirbt.

Kann der Empfänger das Erlangte nicht mehr herausgeben, so hat er den Wert zu ersetzen. Allerdings ist der gutgläubige Empfänger zur Herausgabe nur noch insoweit verpflichtet, als er tatsächlich noch bereichert ist (also das Erlangte nicht bereits ausgegeben hat). Nur der bösgläubige Empfänger (derjenige, der also den Mangel des rechtlichen Grundes kennt) kann sich auf den Wegfall der Bereicherung nicht berufen.

Fragen:

46. Welche Auswirkungen hat die Nichtigkeit eines Kaufvertrags auf eine bereits erfolgte Übereignung?
47. Welche Folgen hat die Verfügung eines Nichtberechtigten?
48. Welcher Ersatzanspruch greift ein, wenn der Schuldner in Unkenntnis einer Forderungsabtretung an den alten Gläubiger gem. § 407 BGB mit befreiender Wirkung leistet?
49. Wann muß man eine zu Unrecht empfangene Leistung nicht mehr herausgeben?

N. Ansprüche aus unerlaubter Handlung (§§ 823 ff. BGB)

Lernziel:

> Der nachfolgende Abschnitt macht mit den verschiedenen Tatbeständen der unerlaubten Handlung vertraut. Nach Durcharbeitung sollten Sie die Voraussetzungen zur Geltendmachung von Schadenersatzansprüchen kennen.

Ansprüche aus unerlaubter Handlung sind auf Schadenersatz gerichtet. Das Gesetz kennt keine Generalklausel des Schadenersatzes, sondern verschiedene Einzeltatbestände, die in den §§ 823 ff. BGB geregelt sind.

I. Verschiedene Tatbestände

1. Verletzung absoluter Rechte

Gemäß § 823 BGB ist jemand zum Schadenersatz verpflichtet, wenn er vorsätzlich oder fahrlässig das Leben, den Körper, die Gesundheit, die Freiheit, das Eigentum oder ein sonstiges Recht eines anderen widerrechtlich verletzt. Es handelt sich hierbei um einen Grundtatbestand.

Voraussetzungen für den Schadenersatzanspruch nach § 823 BGB sind also nachfolgende Kriterien:

- *Verletzung eines absoluten Rechts,*
- *Kausalität,*
- *Rechtswidrigkeit,*
- *Verschulden.*

a) Die Verletzung eines absoluten Rechts

Das Bürgerliche Gesetzbuch nennt in § 823 die Verletzung des Lebens, Körpers, der Gesundheit, der Freiheit, des Eigentums oder eines sonstigen Rechts. Diese Rechte bezeichnet man als „absolute" Rechte, weil sie Schutz gegenüber jedermann genießen (vgl. dazu Rechtslehre, Teil 1, Seite 4).

Beispiel:

> Bei einem Demonstrationszug schlagen Demonstranten die Scheiben eines Bankgeschäfts ein, werfen einen Molotowcocktail in ein parkendes Fahrzeug, verletzen einen Kriminalbeamten. In all diesen Fällen werden absolute Rechte verletzt (das Eigentum bzw. der Körper bzw. die Gesundheit).

§ 823 nennt noch weitere „sonstige Rechte". Hierbei geht es um solche Rechte, die ebenfalls Schutz gegen jedermann genießen.

Beispiele:

Urheberrecht, Namensrecht und vor allem das Persönlichkeitsrecht.

Dieses Persönlichkeitsrecht ist von der Rechtsprechung entwickelt worden mit der Überlegung, daß die nach dem Grundgesetz geschützte Persönlichkeit auch in der Privatrechtsordnung einen umfassenden Schutz genießen müsse gegen jedwede Verletzung. Die Schwierigkeit besteht allerdings darin, daß mangels klarer Abgrenzbarkeit „die Persönlichkeit" nicht so fixiert ist, daß Eingriffe in das persönlichkeitsgeschützte Feld jeweils zweifelsfrei feststellbar sind. Im wesentlichen handelt es sich dabei um Angriffe auf die Person mit verleumderischem oder ehrverletzendem Inhalt.

Beispiel:

Über einen Schauspieler oder einen Politiker werden wahrheitswidrige und ehrverletzende Berichte veröffentlicht. Oder: Das Bild eines Schauspielers wird unbefugt zu Reklamezwecken verwandt.

In all diesen Fällen liegt eine Persönlichkeitsverletzung vor, die den Geschädigten zu Schadenersatzansprüchen berechtigt. Erwähnt werden muß, daß der Umfang des Schadenersatzes, namentlich durch die Zubilligung von Schmerzensgeldern, zum Teil erheblich über dem liegt, was die Rechtsprechung im Falle der körperlichen Verletzung zubilligt. Gerechtfertigt wird dies mit der Überlegung, daß hier dem Schadenersatzanspruch nicht nur eine Wiedergutmachungs-, sondern auch eine Straf- und Genugtuungsfunktion zukomme.

b) Kausalität

Voraussetzung des Schadenersatzanspruches ist weiter, daß zwischen dem schädigenden Ereignis und dem dadurch herbeigeführten Erfolg ein kausaler Zusammenhang besteht.

Kausalität im Zivilrecht bedeutet aber nicht, daß jede Bedingung kausal ist, die nicht hinweggedacht werden kann, ohne daß damit der Erfolg auch entfiele.

Kausal ist im Zivilrecht vielmehr lediglich diejenige Ursache, die „geeignet ist, unter normalen Umständen den betreffenden Erfolg herbeizuführen" (man spricht von der „Adäquanztheorie").

Beispiel:

Ein Steinwurf ist geeignet, eine Scheibe zu beschädigen. Ein Fehlverhalten im Straßenverkehr ist geeignet, einen Unfall und die dabei auftretenden Beschädigungen und Verletzungen herbeizuführen. Nicht kausal dagegen wären völlig unvorhergesehene Tatverläufe.

c) Rechtswidrigkeit

Die Verletzung muß rechtswidrig sein. Dabei gilt der Satz, daß die Herbeiführung des Tatbestandes bereits die Rechtswidrigkeit indiziert. Das heißt also:

> *Wer einen schädigenden Erfolg herbeiführt, handelt in der Regel rechtswidrig, es sei denn, er könne sich ausnahmsweise auf Rechtfertigungsgründe berufen.*

Als Rechtfertigungsgründe kommen in Betracht: insbesondere Notwehr und Nothilfe.

Beispiel:

> Ein unbeteiligter Passant wird von einem Räuber angegriffen. Wenn er sich verteidigt und den Angreifer verletzt, ist die Verletzung rechtmäßig (Notwehr). Wenn eine Frau überfallen wird und ein Passant eilt ihr zu Hilfe, ist eine Verletzung des Angreifers durch den Passanten rechtmäßig (Nothilfe).

d) Verschulden

Die Verletzungshandlung muß schuldhaft erfolgen, d. h. **vorsätzlich** oder **fahrlässig** sein. Vorsätzlich handelt, wer mit Wissen und Wollen die Tat ausführt; fahrlässig handelt, wer die im Verkehr erforderliche Sorgfalt außer acht läßt. (Vgl. dazu Seite 28 f.)

2. Verletzung von Schutzgesetzen

Gemäß § 823 Abs. 2 BGB trifft die Schadenersatzpflicht auch denjenigen, welcher „gegen ein den Schutz eines anderen bezweckendes Gesetz verstößt". Unter diesen Schutzgesetzen sind solche Normen zu verstehen, die vom Gesetzgeber erlassen worden sind, um die Rechtssphäre des einzelnen zu schützen oder diesen Schutz mit bezwecken.

Beispiel:

> Das Strafgesetzbuch verbietet die Körperverletzung und schützt damit die Unversehrtheit der Person. Wer gegen das Strafgesetzbuch verstößt, muß zwar in erster Linie mit Strafe rechnen, er ist jedoch gem. § 823 Abs. 2 BGB auch aus diesem Grunde zum Schadenersatz verpflichtet.

3. Sittenwidrige Schädigung

Wer in einer gegen die guten Sitten verstoßenden Weise einem anderen vorsätzlich Schaden zufügt, ist gem. § 826 BGB ebenfalls zum Schadenersatz verpflichtet.

Diese Anspruchsgrundlage greift z. B. dann ein, wenn im Geschäftsleben in anstößiger Weise ein Konkurrent geschädigt wird (üble Werbepraktiken, Anschwärzung und dgl.). Häufig greift zusätzlich auch das Gesetz gegen den unlauteren Wettbewerb ein, womit dann auch eine Anspruchsgrundlage nach § 823 Abs. 2 BGB in Verbindung mit dem UWG (als Schutzgesetz) gegeben wäre.

4. Haftung für den Verrichtungsgehilfen

In der arbeitsteiligen Wirtschaft ist die Delegation von Aufgaben auf andere etwas Alltägliches. Wenn nun ein Arbeitnehmer (das Gesetz spricht in § 831 BGB vom Verrichtungsgehilfen) einen Dritten in Ausführung seiner Arbeiten schädigt, so hat dieser zwar einen Schadenersatzanspruch gegen den Verrichtungsgehilfen, der jedoch häufig weniger Aussicht auf Erfolg bietet als die Inanspruchnahme des hinter dem Verrichtungsgehilfen stehenden Geschäftsherrn (Arbeitgeber).

Aus diesem Grunde bestimmt § 831 BGB, daß jemand zum Schadenersatz verpflichtet ist, wenn er einen anderen zu einer Verrichtung bestellt und dieser in Ausführung der Verrichtung einem Dritten widerrechtlich Schaden zufügt.

Die Ersatzpflicht tritt allerdings dann nicht ein, wenn der Geschäftsherr bei der Auswahl der bestellten Person bzw. bei der Beschaffung der Gerätschaften die im Verkehr erforderliche Sorgfalt beobachtet hat. Man nennt diese Entlastungsmöglichkeit des Geschäftsherrn die **Exkulpationsmöglichkeit.** Eben wegen dieser Exkulpation geht der Anspruch gegen den Geschäftsherrn häufig ins Leere.

Das ist anders, wenn zwischen dem Geschädigten und dem Geschäftsherrn ein Vertragsverhältnis bestand, dann greift § 278 BGB ein mit der Folge, daß das Verschulden des Erfüllungsgehilfen dem Vertragspartner zugerechnet wird. Auf diesen Zusammenhang ist bereits oben im Schuldrecht — Allgemeiner Teil — hingewiesen worden.

5. Haftung des Aufsichtspflichtigen

Wer noch nicht das 7. Lebensjahr vollendet hat, ist für einen Schaden, den er einem anderen zufügt, nicht verantwortlich (§ 828 Abs. 1 BGB). Wer das 7. Lebensjahr vollendet hat, ist bis zur Vollendung des 18. Lebensjahres für einen Schaden nur dann verantwortlich, wenn er bei der Begehung der schädigenden Handlung die zur Erkenntnis der Verantwortlichkeit erforderliche Einsicht hatte (§ 828 Abs. 2 BGB). Dann fragt sich, von wem der Geschädigte in diesen Fällen Schadenersatz erhält.

Die Antwort bringt § 832 BGB: Wer kraft Gesetzes zur Aufsicht über eine Person verpflichtet ist, die wegen Minderjährigkeit oder wegen ihres geistigen oder körperlichen Zustandes der Beaufsichtigung bedarf, ist zum Ersatz des Schadens verpflichtet, den diese Person einem Dritten widerrechtlich zufügt. Die Eltern haften also für ihre Kinder. Allerdings tritt die Ersatzpflicht dann nicht ein, wenn die Aufsichtspflicht erfüllt wurde oder der Schaden auch bei gehöriger Aufsichtsführung entstanden wäre.

II. Umfang des Schadenersatzanspruchs

Die §§ 823 ff. BGB sagen nichts über den Umfang des Schadenersatzanspruches. Vielmehr sind auf Ansprüche aus unerlaubter Handlung ebenfalls die Vorschriften der §§ 249 ff. BGB anzuwenden. Es gilt also auch hier das Prinzip der Naturalrestitution. Mit anderen Worten: es ist der Zustand herzustellen, der bestehen würde, wenn das schädigende Ereignis nicht eingetreten wäre.

1. Schmerzensgeldanspruch

Zu betonen ist, daß im Falle der unerlaubten Handlung auch ein Anspruch auf Schmerzensgeld besteht gem. § 847 BGB. Es handelt sich hierbei um einen „Nicht-Vermögensschaden": Der Geschädigte soll im Hinblick auf die ideellen Einbußen (Schmerzen u. dgl.) gleichwohl einen Ausgleich in Geld erhalten (siehe dazu Seite 46 f. und 85 f.).

2. Die Haftung mehrerer

Sind an einer unerlaubten Handlung mehrere (Mittäter, Anstifter, Gehilfen) beteiligt, so haften sie gemäß § 840 BGB als Gesamtschuldner. Das bedeutet: der Geschädigte kann von jedem Schädiger ohne Rücksicht auf den Umfang seines Tatbeitrages vollen Schadenersatz verlangen. Es ist dann den Schädigern untereinander unbenommen, intern einen Ausgleich vorzunehmen (§ 426 Abs. 2 BGB).

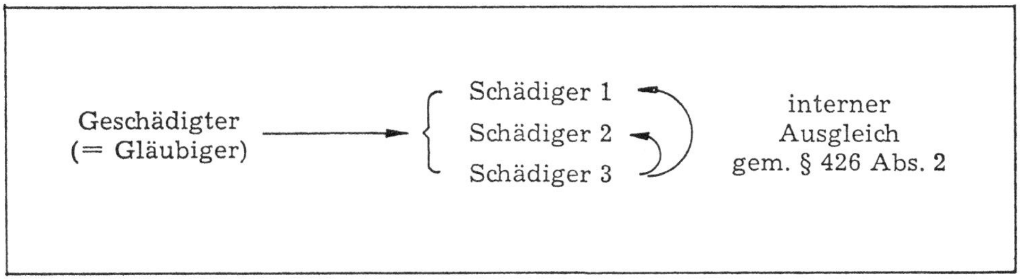

3. Der Anspruch von Drittgeschädigten im Falle der §§ 844, 845 BGB

Normalerweise kann Schadenersatz nur der unmittelbar Geschädigte verlangen. Denkbar ist darüber hinaus, daß auch andere Personen Einbußen erleiden.

Beispiel:

Ein Arbeitnehmer wird bei einem Verkehrsunfall verletzt. Er ist der unmittelbar Geschädigte. Wenn der Arbeitnehmer jedoch nicht zur Arbeit geht, seine Funktionen im Betrieb auch nicht von einem anderen Arbeitnehmer übernommen werden können und es dadurch zu einem Produktionsausfall kommt, entsteht zusätzlich auch dem Arbeitgeber des geschä-

digten Arbeitnehmers ein Schaden. Ebenso wäre es, wenn die Aufgaben des Arbeitnehmers A nur durch eine höher bezahlte Ersatzkraft B ausgeführt werden könnten. Hier wäre der Lohnunterschied identisch mit dem dem Arbeitgeber entstandenen Schaden.

In diesen Fällen kann jedoch der Arbeitgeber den Schädiger nicht auf Schadenersatz belangen, da er nicht unmittelbar, sondern nur mittelbar geschädigt ist. Diese Entscheidung des Gesetzes mag ungerecht erscheinen, sie ist jedoch bewußt getroffen worden, um den Umfang von Schäden einigermaßen überschaubar zu halten.

Ergänzung: Wenn der Arbeitgeber dem Arbeitnehmer den Lohn fortzahlt (diese Pflicht besteht auf Grund des Lohnfortzahlungsgesetzes), dann kann er jedenfalls hinsichtlich der Lohnfortzahlung den Schädiger in Anspruch nehmen. Diese Entscheidung basiert aber nicht auf dem Bürgerlichen Gesetzbuch, sondern auf dem später eingeführten Lohnfortzahlungsgesetz. Es geht dann der Schadenersatzanspruch des Arbeitnehmers durch gesetzliche Forderungsabtretung auf den Arbeitgeber über.

Dritte Personen sind jedoch nur ausnahmsweise schadenersatzberechtigt, so im Falle der §§ 844, 845 BGB.

a) Gesetzliche Unterhaltspflicht

Wurde jemand getötet, der zur Zeit der Verletzung einem Dritten kraft Gesetzes unterhaltspflichtig war, so kann der Dritte Schadenersatz insoweit verlangen, als der Getötete während der mutmaßlichen Dauer seines Lebens zur Gewährung des Unterhalts verpflichtet gewesen wäre.

Beispiel:

Die minderjährigen Kinder können sich an den Fahrzeuglenker halten (bzw. dessen Versicherung), wenn ihr Ernährer durch den Unfall schuldhaft getötet wurde.

b) Gesetzliche Dienstleistungspflicht

Ähnliches gilt gemäß § 845 BGB, wenn der Verletzte oder Getötete einem Dritten zur Leistung von Diensten im Haushalt oder Gewerbe verpflichtet war. Dies gilt allerdings nur für die gesetzliche Verpflichtung (Familienangehörige), nicht jedoch für die vertraglich Verpflichteten (also alle „normalen" Arbeitnehmer).

III. Verjährung des Schadenersatzanspruches

Der Schadenersatzanspruch aus unerlaubter Handlung verjährt innerhalb von drei Jahren (§ 852 BGB). Die Verjährungsfrist beginnt jedoch erst zu dem Zeitpunkt, in welchem der Verletzte von dem Schaden und der Person des Ersatzpflichtigen Kenntnis erlangt. Ohne Rücksicht auf diese Kenntnis verjährt der Anspruch in dreißig Jahren von Begehung der Handlung an.

Fragen:

50. Welche Rechte zählen zu den absoluten Rechten?
51. Wann haftet ein Arbeitgeber aus dem Gesichtspunkt der unerlaubten Handlung für seine Arbeitnehmer?
52. Welcher Grundsatz gilt für den Umfang des Schadenersatzes?
53. Was ist das Besondere am Schmerzensgeldanspruch?
54. Wie haften mehrere, wenn sie für eine unerlaubte Handlung gemeinschaftlich verantwortlich gemacht werden können?
55. Wann kann auch ein Drittgeschädigter Schadenersatz verlangen?
56. Wann verjährt der Schadenersatzanspruch?

Antworten zu den Fragen

1. Unter einem Schuldverhältnis versteht man die Rechtsbeziehung zwischen dem Gläubiger und dem Schuldner.

2. Unter einer Forderung versteht man das Recht, kraft dessen im Schuldverhältnis eine Leistung verlangt werden kann.

3. Von gesetzlichen Schuldverhältnissen spricht man, wenn sich ein Anspruch des Gläubigers gegen den Schuldner nur aus einer gesetzlichen Norm ergibt. Bei den vertraglichen Schuldverhältnissen dagegen (die freilich wiederum im Gesetz geregelt sind) folgen die Ansprüche aus einer Absprache zwischen den Beteiligten (in der Regel aus einem Vertrag).

4. Nach § 242 BGB ist der Schuldner verpflichtet, die Leistung so zu bewirken, wie Treu und Glauben mit Rücksicht auf die Verkehrssitte es erfordern. Das bedeutet, daß jede Leistungspflicht unter dem Gesichtspunkt der Anständigkeit und Billigkeit gewertet wird und daß neben den ausdrücklichen Hauptpflichten auch weitere Nebenpflichten bestehen, die dem Schuldner zusätzliche Anstrengungen abverlangen.

5. Nein, nach § 266 BGB ist der Schuldner zu Teilleistungen nicht berechtigt. Freilich wird der Gläubiger in derartigen Fällen mitunter froh sein, wenigstens einen Teil zu bekommen. Er kann aber für den restlichen Teil Schadenersatz aus dem Gesichtspunkt des Verzugs verlangen.

6. Bei der Gattungsschuld müssen nur nach Artmerkmalen bestimmte Sachen geliefert werden, bei der Stückschuld dagegen ganz bestimmte, näher bezeichnete Sachen.

7. Die sogenannte Konkretisierung der Gattungsschuld.

8. Nach § 269 BGB ist der Erfüllungsort im Zweifel mit dem Wohnort des Schuldners identisch.

9. Ja. Besteht zwischen dem Geschädigten und dem Arbeitgeber ein Vertrag, zu dessen Erfüllung der Arbeitgeber den Arbeitnehmer eingesetzt hat, so findet § 278 BGB mit der Maßgabe Anwendung, daß der Arbeitgeber für das Verschulden des Arbeitnehmers einstehen muß. Fehlt es an einem derartigen Vertragsverhältnis, war also der Geschädigte ein unbeteiligter Dritter, so kann er nur Ansprüche nach § 831 BGB stellen, wobei die Entlastungsmöglichkeit des Geschäftsherren die Aussicht auf Durchsetzung des Schadenersatzanspruches erheblich mindert.

10. Im Versicherungswesen. Namentlich bei der Lebensversicherung wird (für den Nichterlebensfall) ein anderer (etwa die Familienangehörigen) als Begünstiger eingesetzt.

11. Die Vertragsstrafe soll einer Verpflichtung besonderen Nachdruck verleihen und den oft schwierigen Nachweis bzw. die Bezifferung eines Schadens überflüssig machen.

12. Unmöglichkeit, Verzug, positive Vertragsverletzung (hinzu kommen einige Sonderfälle wie die Sachmängelhaftung).

13. Man unterscheidet zunächst die anfängliche und die nachträgliche Unmöglichkeit, je nachdem, ob das zur Unmöglichkeit führende Ereignis vor oder nach dem Vertragsabschluß liegt. Daneben ist die objektive und die subjektive Unmöglichkeit zu nennen, deren unterscheidendes Kriterium ist, ob nur der Schuldner nicht leisten kann (subjektive Unmöglichkeit) oder ob niemand die Leistung erbringen kann (objektive Unmöglichkeit). Darüber hinaus ist noch zu unterscheiden zwischen zu vertretender und nicht zu vertretender Unmöglichkeit, je nachdem, ob der Schuldner für das schädigende Ereignis aufkommen muß — was in der Regel mindestens Fahrlässigkeit voraussetzt — oder nicht.

14. Dies hängt davon ab, ob es sich um eine anfänglich objektive Unmöglichkeit oder um eine anfänglich subjektive Unmöglichkeit handelt. War die Leistung bereits bei Vertragsabschluß niemandem möglich (lag also eine ursprünglich objektive Unmöglichkeit vor), dann ist der Vertrag gem. § 306 BGB nichtig. Der Schuldner ist zum Schadenersatz verpflichtet, wenn er die Unmöglichkeit kannte oder kennen mußte. War jedoch zum Zeitpunkt des Vertragsabschlusses lediglich der Schuldner nicht in der Lage zu leisten (lag also eine ursprünglich subjektive Unmöglichkeit = ursprüngliches Unvermögen des Schuldners vor), dann ist der Vertrag gleichwohl gültig. Leistet der Schuldner nicht, dann muß er letztlich Schadenersatz zahlen.

15. Dies hängt davon ab, ob der Schuldner den zur Unmöglichkeit führenden Umstand zu vertreten hat oder nicht. Im ersteren Fall muß er Schadenersatz leisten, im zweiten Fall wird er von seiner Leistungspflicht frei.

16. Fälligkeit, notfalls Mahnung, Verschulden.

17. Der Schuldner hat nicht nur die Hauptpflicht, wie sie sich aus dem Buchstaben des Vertrages ergibt, er muß darüber hinaus nach Treu und Glauben leisten, also auf die Interessen seines Vertragspartners Rücksicht nehmen. Daraus wird gefolgert, daß er auch im Falle der Schlechterfüllung und Verletzung von Nebenpflichten zum Schadenersatz verpflichtet ist.

18. Dann verliert er den Anspruch auf die Gegenleistung.

19. Durch Erfüllung, Hinterlegung, Erlaß und Aufrechnung.

20. In zwei Fällen: Wenn der Gläubiger in Verzug mit der Annahme ist und wenn der Schuldner aus Gründen, die in der Person des Gläubigers liegen, die Verbindlichkeit nicht erfüllen kann.

21. Der Erlaß ist nach § 397 BGB ein Vertrag, einseitig kann eine Schuld also nicht erlassen werden. Der Schuldner muß einverstanden sein, was in aller Regel auch zutreffen wird.

22. Nein, es fehlt an der Gleichartigkeit der Forderungen.

23. Nein, die Abtretung erfolgt ausschließlich durch einen Vertrag zwischen dem alten und dem neuen Gläubiger.

24. Ja, einmal wenn die Abtretung kraft Vertrages ausgeschlossen wurde und zweitens kraft Gesetzes, wenn die Forderung der Pfändung nicht unterworfen ist.

25. Der Schuldner ist dadurch geschützt, daß er sämtliche Einreden, die er dem alten Gläubiger gegenüber geltend machen konnte, auch dem neuen Gläubiger entgegenhalten kann. Er ist weiter dadurch geschützt, daß Leistungen an den alten Gläubiger in Unkenntnis der Abtretung befreiend wirken, er also nicht noch einmal vom neuen Gläubiger belangt werden kann.

26. Ja, wenn beispielsweise eine Forderung durch eine Bürgschaft gesichert ist, muß der Bürge auch dem neuen Gläubiger gegenüber einstehen.

27. Das Factoring ist ein spezieller Wirtschaftszweig, der sich mit dem Aufkauf von Forderungen beschäftigt. Rechtlich liegt eine Zession zugrunde.

28. Nein, zur Schuldübernahme bedarf es stets der Mitwirkung des Gläubigers, denn ihm ist die Person und damit die Bonität des Schuldners nicht gleichgültig.

29. Hier bestimmt § 416 BGB, daß der Veräußerer des Grundstücks dem Gläubiger die Schuldübernahme mitteilen kann und nach Ablauf von sechs Monaten nach Empfang dieser Mitteilung die Genehmigung als erteilt gilt, wenn der Gläubiger nichts Gegenteiliges von sich hören läßt.

30. Unter Umständen ja, weil dann gem. § 419 BGB auch die Haftung für die Verbindlichkeiten des Veräußerers übernommen wird. Wurde nur ein einzelner Gegenstand (ein wertvolles Grundstück) übergeben, das aber praktisch das gesamte Vermögen darstellt, dann entfällt die Haftung, wenn man nicht wußte, daß der veräußerte Gegenstand das gesamte Vermögen des Übergebers ausgemacht hatte.

31. Der Käufer ist verpflichtet, den vereinbarten Kaufpreis zu bezahlen, der Verkäufer einer Sache ist verpflichtet, die Sache zu übergeben und das Eigentum an ihr zu verschaffen; der Verkäufer eines Rechts ist verpflichtet, dem Käufer das Recht zu verschaffen und, wenn dieses zum Besitz einer Sache berechtigt, die Sache zu übergeben.

32. Der Käufer kann wandeln (also den Kaufvertrag rückgängig machen) oder mindern (also den Kaufpreis herabsetzen). Darüber hinaus kann er Schadenersatz verlangen, aber nur, wenn der verkauften Sache eine zugesicherte Eigenschaft fehlt oder der Verkäufer einen Fehler arglistig verschwiegen hatte.

33. Es liegt ein unbedingter Kaufvertrag vor, bei dem jedoch die Übereignung aufschiebend bedingt ist bis zur vollständigen Bezahlung des Kaufpreises.

34. Nein, lediglich beim Abzahlungskauf besteht ein uneingeschränktes Widerrufsrecht innerhalb einer Frist von einer Woche.

35. Durch den Pachtvertrag wird der Pächter nicht nur verpflichtet, den Gebrauch des verpachteten Gegenstandes zu überlassen (soweit identisch mit der Miete), sondern auch den Genuß der Früchte zu gewähren.

36. Nein, es handelt sich hier weitgehend um zwingendes Recht, das nicht zur Disposition der Parteien steht. Entgegenstehende Vertragsklauseln wären gem. § 134 BGB nichtig.

37. Darunter versteht man den Grundsatz, daß die Veräußerung eines Gegenstandes ein bestehendes Mietverhältnis nicht berührt. Der Erwerber einer vermieteten Sache (beispielsweise eines Grundstücks) tritt also in die mit dem Veräußerer begründeten Mietverhältnisse ein.

38. Man unterscheidet das Operating-Leasing und das Finanzierungs-Leasing.

39. Beim Dienstvertrag wird lediglich die Leistung von Diensten geschuldet, beim Werkvertrag dagegen auch die Herstellung des Werkes, also der Erfolg.

40. Kennzeichnend für den Werklieferungsvertrag ist, daß der Unternehmer das Werk aus einem von ihm zu beschaffenden Stoffe herzustellen hat. Handelt es sich hierbei um vertretbare Sachen, so findet gem. § 651 Abs. 1 BGB Kaufrecht entsprechend Anwendung.

41. Der Auftrag ist im Gegensatz zum Dienst- und Werkvertrag unentgeltlich.

42. Der Beauftragte muß alles, was er im Verlauf des Auftrags erlangt hat, an den Auftraggeber herausgeben; auf der anderen Seite muß der Auftraggeber die Aufwendungen des Beauftragten ersetzen.

43. Ein wirksames Bürgschaftsversprechen setzt die Schriftform voraus. Davon ist nur im Handelsrecht eine Ausnahme gemacht, dort kann ein Kaufmann sich auch mündlich wirksam verbürgen.

44. Er hat zunächst sämtliche Einreden, die auch dem Hauptschuldner zustehen. Darüber hinaus kann er vor allem die Einrede der Vorausklage geltend machen, also den Gläubiger zunächst an den Hauptschuldner verweisen. Dieses Recht entfällt jedoch, wenn er sich selbstschuldnerisch verbürgt hat.

45. Hier handelt es sich um Schuldversprechen, die von ihrem Rechtsgrund losgelöst werden.

46. Die Nichtigkeit des Kaufvertrags erfaßt nicht ohne weiteres auch die Nichtigkeit der Übereignung. Infolge des Abstraktionsprinzips ist vielmehr die Übereignung trotzdem wirksam. Eine Rückgewährung der empfangenen Leistungen erfolgt jedoch über die ungerechtfertigte Bereicherung nach § 812 BGB in Form der Leistungskondiktion. Das bedeutet: Der Verkäufer erstattet den Kaufpreis zurück, der Käufer muß das Eigentum auf den Verkäufer zurückübertragen.

47. Wenn die Verfügung dem Berechtigten gegenüber wirksam wird, hat dieser einen Anspruch auf Herausgabe des Erlangten aus dem Grundsatz der ungerechtfertigten Bereicherung gem. § 816 Abs. 1 BGB.

48. In diesem Fall hat der Schuldner an einen Nichtberechtigten geleistet, die Leistung wurde jedoch wegen § 407 BGB dem Berechtigten (dem neuen Gläubiger) gegenüber wirksam. In diesem Fall hat der neue Gläubiger gegenüber dem alten Gläubiger einen Herausgabeanspruch gem. § 816 Abs. 2 BGB.

49. Unter zwei Voraussetzungen: wenn man nicht mehr bereichert ist und wenn man beim Empfang nicht bösgläubig war.

50. Leben, Körper, Gesundheit, Freiheit, Eigentum.

51. Wenn diese Verrichtungsgehilfen sind, also in Ausführung übertragener Arbeiten einen Dritten schädigen, zu dem der Arbeitgeber keine vertraglichen Beziehungen unterhält.

52. Es gilt das Prinzip der Naturalrestitution; es ist also der Zustand herzustellen, der bestehen würde, wenn das schädigende Ereignis nicht eingetreten wäre.

53. Es handelt sich hier um einen Nicht-Vermögensschaden. Dieser ist nach BGB nur in Ausnahmefällen zu ersetzen; ein solcher Fall ist das Schmerzensgeld.

54. Sie haften als Gesamtschuldner, d. h. der Geschädigte kann sich an jeden einzelnen Schädiger für den gesamten Schaden halten.

55. Nur im Fall der gesetzlichen Unterhaltspflicht oder der gesetzlichen Dienstleistungspflicht, nicht jedoch bei einer nur vertraglichen Dienstverpflichtung.

56. Innerhalb von drei Jahren.

Printed by Printforce, the Netherlands